1 Ernährung bei akuter Obstipation

Diese Empfehlungen bitte immer mit Ernährungsberater/in, Arzt oder Diätologen/in absprechen! Die Rezepte und Zutatenlisten unterstützen die medizinischen Therapien.

Die Kalorienangaben frischer Zutaten (Obst und Gemüse) und die Inhaltsstoffe schwanken je nach Qualität und Erntezeit. Die Inhalte wurden von einer Diätologin und einer Ernährungsberaterin für die Traditionelle Chinesische Medizin (TCM) geprüft.

Autor:
©2022 Josef Miligui
Liebe Leserinnen und Leser, ich wünsche Ihnen viel Erfolg und gutes Gelingen bei der Umstellung Ihrer Ernährung. Dieses Buch wurde aus eigener Erfahrung mit Krankheit und Ernährung geschrieben und ich habe schon immer das Zubereiten guter Speisen geschätzt. Wenn Sie nicht so geübt sind im Kochen, empfiehlt sich ein Kurs bei Ernährungsberatern oder Diätologen, die Ihnen die Grundlagen der Kochmethoden sowie die richtige Verarbeitung der Zutaten vermitteln können. Anhand der Lebensmittellisten aus diesem Buch können Sie weitere Rezepte entwickeln und entdecken.

Quelle:
Die Listen werden aus der EBNS-Datenbank für die Ernährungsberatung generiert. Die Datenbank wird von Ernährungsberater, Therapeuten und Ärzte für die Beratung der Patienten/Klienten verwendet und ermöglicht eine Kombination mehrerer Syndrome.

Literaturliste:
Wir haben die Unterlagen als Wissensbasis genutzt und an unsere Erfahrungen angepasst und ergänzt.
www.ebns.at

Herstellung und Verlag:
BoD – Books on Demand, Norderstedt
ISBN: 9783842377530

AF211189

DIÄTETIK - Gastrointestinaltrakt - Dünndarm und Dickdarm - Akute Obstipation (Verstopfung)

(Buch: 016)

1.1 Vorwort

Die Weltgesundheitsorganisation (WHO) davon spricht, dass bis zu 80% der Erkrankungen durch äußere Faktoren wie Ernährung, Lebensstil, Umweltgifte und dergleichen beeinflusst werden.

Welche Faktoren also jeder einzelne von uns aktiv beeinflussen kann und somit seine Chancen auf Erhöhung der allgemein Gesundheit erzielen kann, darum geht es auf den folgenden Seiten.

Der Fokus in diesem Buch liegt auf dem Faktor mit der größten Hebelwirkung - der Ernährung.
Schon Hippokrates hat einst gesagt "Lass die Nahrung deine Medizin sein und Medizin deine Nahrung!" Kräuterpädagog:innen heute sagen so: "Es gibt für jede Krankheit das richtige Kraut."

Egal wie wir es drehen und wenden, wir sind was wir essen (und was unser Essen gegessen hat). Der moderne Mensch sieht sich gerne isoliert von seiner Umwelt. Wir entstehen aus unserer Umwelt, wir leben inmitten von ihr und wenn wir sterben gehen wir wieder in unsere Umwelt über. Während wir leben essen wir das, was in unserer Umwelt wächst (oder in Fabriken chemisch erzeugt wird). Diese Nahrung liefert die Energie und Bausteine, für den eigenen Körper, für den Stoffwechsel, Zellerneuerung, den Hormonhaushalt und damit für unser gesamtes Sein, die Gesundheit und unser Empfinden.

Hier ein paar Grundbausteine, bevor in dem Buch noch näher auf Ernährungsfaktoren eingegangen wird, die sozusagen der kleinste gemeinsame Nenner der meisten Ernährungsphilosophien sind:

- Saisonalität
  - Winterpflanzen, wie zum Beispiel verschiedene Kohlgewächse, versorgen uns mit Unmengen von Vitamin C und Bitterstoffen. Zwei Faktoren, die unser Immunsystem bei der Abwehr von der Kälte und den typischen Infekten in der Winterzeit unterstützen.
  - Sommerpflanzen wie zum Beispiel Gurken, Tomaten aber auch Zitrusfrüchte kühlen unseren aufgeheizten Körper und versorgen uns mit viel Wasser.
  - Außerdem müssen bei saisonalen Pflanzen weniger chemische Helferlein eingesetzt werden, da die passenden Umweltfaktoren das Wachstum sowieso fördern.
- Regionalität
  - Damit einher geht auch der Faktor der Regionalität. Regionale pflanzliche Lebensmittel werden reif geerntet und haben somit alle Nährstoffe entwickeln können. Im Gegensatz dazu wird Obst und Gemüse aus ferneren Ländern unreif geerntet und nur durch den Einsatz von chemischen Mitteln unnatürlich "nachgereift" - bzw. nur nach-gefärbt. Die Dichte der Nährstoffe und auch der Geschmack kann dabei niemals mit regionalen Lebensmitteln mithalten. (Sie haben es vielleicht schon selber erlebt, dass eine Südfrucht aus dem jeweiligen Ursprungsland dort im Urlaub viel süßer und vollmundiger schmeckt als die gleiche Frucht aus dem zentraleuropäischen Supermarkt).
- Pflanzenbasierte Ernährung
  - Ja, diese Basis teilen selbst die Anhänger der Fleischdiät mit den Veganern. Denn bei der Fleischdiät geht es auch um Fleisch von Tieren, die sich artgerecht, sprich von vielen Gräsern und Kräutern ernährt haben. Die Masse an Getreide in der heutigen Ernährung - egal ob bei Mensch oder Tier - entspricht

nicht der natürlichen Ernährungsweise. Sie macht uns krank, dick und manche behaupten sogar dumm (das weist auf die Schädigung der neuronalen Netzwerke hin, die durch den Konsum von Kohlenhydraten passiert hin). Pflanzen im Sinne von Gemüse, Kräutern, Salaten, Sprossen, in geringen Mengen Obst, Nüsse, Samen, etc. liefern neben den viel beschriebenen Vitaminen und Mineralstoffen vor allem sekundäre Pflanzenstoffe, die herausragende Heilwirkung haben. So werden eine Vielzahl unserer Medikamente auf Basis der natürlich vorkommenden Pflanzenstoffe nachgebaut. Allerdings sind da diverse Säuren und andere Wirkstoffe extrahiert und wirken nur alleine - mit den Pflanzen selbst nehmen wir sie in einer reichhaltigen und sich gegenseitig verstärkenden Kombination vielerlei wirksamer Stoffe zu uns.

Ja zusätzlich zu diesen 3 großen Punkten gibt es immer noch sehr viel zu beachten. Ein optimales Verhältnis von Omega 3 zu Omega 6 Fettsäuren (empfohlen wird 1:3), eine individuell und situationsbedingte Eiweißversorgung und so weiter.

Eine ganz gute und einfache Richtlinie für die alltägliche Ernährung bietet der ideale Teller. Der sieht so aus, dass möglichst jede Mahlzeit zur Hälfte aus pflanzlichen Bestandteilen besteht, ein Viertel der Eiweißversorgung dient und ein Viertel die Mahlzeit durch gute Fette und eventuell Kohlenhydrate abrundet.

Die Feinjustierung rund um die Zubereitungsarten, die Zusammenstellungen und so weiter sehe ich als sehr individuell an. Es gibt meines Erachtens nicht die 1 perfekte Ernährung. Es gibt so viele großartige Philosophien und Studien, die alle wunderbare Heilungen berichten und sich dabei aber gegenseitig ausschließen. Was auf den ersten Blick vielleicht paradox wirkt, eröffnet bei näherer Betrachtung ganz viele Möglichkeiten des Probierens und neuer Chancen.

Neben der Ernährung werden noch folgende Faktoren genannt:
- die Giftstoffbelastung in unserer Umwelt sowie in Pflegeprodukten oder eben in der Ernährung
- eine Balance aus Aktivität, (kurzzeitigem) Stress und der Entspannung wie auch Schlaf
- Aufarbeitung der emotionalen Wunden aus der Vergangenheit und Steigerung der Resilienz

- Biologische Zahnheilkunde
- eine optimierte Versorgung durch Heilkräuter, Heilpilze udgl.
- Früherkennung durch bewährte und schonende Verfahren

1.2 Beschreibung

Ursache: Häufig durch Umstellung der Lebensweise, Reisen, Schwangerschaft, Gallensteine, falsche Ernährungsweise, mangelnde Bewegung
Kennzeichen: Erhöhter Dauertonus und verringerte peristaltische Bewegung des Darms
Therapie: Medikamente, welche die glatte Muskulatur lockern, Ballaststoffreiche Kost und reichlich Flüssigkeit, Bewegung.

1.3 Therapiestrategie

Körperliche Bewegung ist besonders wichtig. Auch gezielte Bauchmassage (Massieren in kreisförmigen Bewegungen im Uhrzeigersinn, wobei im Unterbauch rechts begonnen wird) kann Wirkung zeigen. Nehmen Sie möglichst ballaststoffreiche Lebensmittel wie Vollkornbrot mit fein vermahlenem Mehl, Vollkorntoast, Grahambrot, Vollreis, Vollkornnudeln, Müsli, Obst, Salat und Gemüse je nach persönlicher Verträglichkeit zu sich. Meiden Sie stopfende Lebensmittel wie Banane, Reis, Schokolade, Kakao, Heidelbeeren, Rotwein, Schwarz- und Grüntee. Trinken Sie morgens gleich nach dem Aufstehen ein Glas kaltes oder lauwarmes Wasser auf nüchternen Magen. Essen Sie einmal täglich ein gesäuertes Milchprodukt wie Joghurt, Kefir, Acidophilusmilch, Butter- oder Sauermilch. Auch die Beimengung von Floh- oder Leinsamen ist sinnvoll. Sie sollten dabei aber beachten, dass zusätzlich 1/4 l Wasser als Trinkmenge nötig wird. Geben Sie jedem Bedürfnis, sich entleeren zu wollen, nach und nehmen Sie sich dafür Zeit. Fragen Sie in Ihrer Apotheke nach löslichen Ballaststoffen bzw. besprechen Sie eine mögliche Einnahme von Magnesium mit Ihrem Arzt.

1.4 Vermeiden

Lebensmittel mit wenig Ballaststoffen: Brot, Backwaren und Nährmittel aus Weißmehl, polierter Reis.
Fertiggerichte, Fertigprodukte und Fast Food sowie Weißmehlprodukte oder andere raffinierte Getreideprodukte, z. B. weißer Reis.
Süßigkeiten, Chips, Cracker und ähnliches, sehr fettige Milchprodukte, z. B. Sahne, Käse, fettige Wurstwaren.

2 Speiseplan

Kkal. p. Portion

2.1 Frühstück

2.2 Jause

2.3 Mittag

2.4 Nachmittag

2.5 Abend

3 Rezepte

empfehlenswert = Sie können mehr verwenden
wenig = wenn möglich weniger verwenden
weniger als angegeben = möglichst nicht verwenden

3.1 Antipasti

Fördert Durchblutung, lindert Entzündungen und Schmerzen, harntreibend, senkt Blutdruck, antioxidativ, antibakteriell, regt Kreislauf an. Hilft bei: Appetitlosigkeit, Magen- und Verdauungsschwäche, Blähungen.

Anzahl Portionen: 3
Kalorien p. Portion 100
Gramm p. Portion 246,83
Kochdauer ca. 40 min.
(Kohlehydrat:53,79% / Eiweiß & Fett:46,21%)
100g.≈ Eiweiß 2,75g. Fett:5,61g.
µg. - Ph:7,93 Na:1,08 Ka:67,5 Mg:5,14 Ca:7,21 Fe:0,24 Zn:0,03 Col.:0 Hsr.:5,8

Zutaten:
Peperoni 1 Stück / 5g. (ja)
Zitrone Saft 1 EL / 10g. (ja)
Aubergine 1 Stück / 300g. (ja)
Tomate 4 Stück / 200g. (ja)
Zucchini 200 g. / 200g. (empfehlenswert)
Zitrone Schale 1/2 Stück / 3g. (ja)
Olivenöl 1 EL / 15g. (ja)
Basilikum (frisch) 8 Blätter / 5g. (ja)
Salz 1 Prise / 0,5g. (wenig)
Koriander 1/2 TL / 2g. (ja)

Kochanleitung:
Peperoni im Ofen bei 250 Grad backen, bis die Schale dunkel wird (ca. 20 Min.). Die Peperoni abdecken und auskühlen lassen, häuten und in ca. 2 cm breite Streifen schneiden. Tomaten halbieren und gemeinsam mit den in Scheiben geschnittenen Auberginen mit Öl bestreichen und im Ofen bei 200 Grad goldbraun backen (ca. 10 Min.). Zucchinischeiben in Grillpfanne (ohne Fett) anbraten. Alles zusammen anrichten, die Marinade aus Olivenöl, Salz und Zitronenschale mischen und über das Gemüse gießen. Mit Koriander bestreuen und 1 Std. ziehen lassen.

3.2 Artischockensuppe

Fördert Appetit, entgiftet, reguliert die Verdauung, nährt Blut, erweitert Blutgefäße, sanftes Abführmittel, fördert Gewichtsabnahme, stärkt Magen-Darm-Funktion, bakterizid, beugt Krebs vor, harntreibend.

Anzahl Portionen: 3
Kalorien p. Portion 143
Gramm p. Portion 243,67
Kochdauer ca. 40 min.
Allergene: GLN
(Kohlehydrat:60,32% / Eiweiß & Fett:39,68%)
100g.≈ Eiweiß 3,3g. Fett:10,01g.
µg. - Ph:18,58 Na:43,88 Ka:39,61 Mg:18,21 Ca:61,23 Fe:0,29 Zn:0,03 Col.:0,73
Hsr.:11,24

Zutaten:
Artischocke 4 Stück / 400g. (ja)
Butter Bio 1 EL / 20g. (wenig)
Zwiebel Schalotte 1 Stück / 20g. (ja)
Mais Mehl (Maizena) 1 EL / 10g. (wenig)
Muskatnuss 1 Prise / 0,5g. (ja)
Grundrezept für eine Gemüsebrühe nahrhaft 1/4 Liter / 250g. (ja)
Salz 1 Prise / 0,5g. (wenig)
Zitrone 1/4 Stück / 8g. (ja)
Zitrone Schale 1/4 Stück / 1g. (ja)
Kurkuma (Gelbwurz) 1 Prise / 1g. (ja)
Sesam Paste (Tahini) 1 EL / 10g. (ja)
Sesam, Weißer 1 TL / 10g. (empfehlenswert)

Kochanleitung:
Artischocken in gut 2 l gesalzenem Wasser kochen, bis die Außenblätter leicht abgehen. Blätter und faserige Blütenmitte entfernen, so dass nur der Boden übrigbleibt. Butter zerlassen, Zwiebel klein schneiden und leicht andünsten. Etwas Maismehl und Muskat zugeben und mit Gemüsebrühe aufgießen. Salz, etwas Zitronenschale und -saft, Kurkuma und Artischockenböden hinzufügen, weich kochen und pürieren. Am Ende mit Tahin abschmecken und vor dem Servieren mit Sesam bestreuen.

3.3 Bandnudeln mit Blattspinat

Fördert Verdauung und Durchblutung, stärkt Magen und Darm, verbessert Bauchspeicheldrüsenfunktion. Gut bei Appetitlosigkeit, Blähungen, Darmentzündungen, Fettsucht, Magengeschwüren, Magenkrämpfen, Rheuma, Sodbrennen, Zwölffingerdarmgeschwüren.

Anzahl Portionen: 2
Kalorien p. Portion 723
Gramm p. Portion 317,5
Kochdauer ca. 45 Min.
Allergene: ACG
(Kohlehydrat:59,52% / Eiweiß & Fett:40,48%)
100g.≈ Eiweiß 22,78g. Fett:36,63g.
µg. - Ph:63,29 Na:34,15 Ka:107,6 Mg:22,1 Ca:56,13 Fe:0,98 Zn:0,22 Col.:8,06 Hsr.:39,35

Zutaten:
Spinat 250 g. / 250g. (ja)
Salz 1 Prise / 1g. (wenig)
Nudeln (Weizen, Bandnudeln) mit Ei 200 g. / 200g. (wenig)
Olivenöl 1 EL / 15g. (ja)
Zwiebel Frühlingszwiebel 1 Stück / 20g. (ja)
Sahne, süß 30% 100 ml. / 100g. (wenig)
Creme fraiche 1/2 EL / 6g. (wenig)
Thymian getrocknet 1/2 TL / 2g. (ja)
Basilikum (frisch) 1/2 TL / 2g. (ja)
Oregano getrocknet 1/2 TL / 2g. (ja)
Muskatnuss 1 Prise / 0,5g. (ja)
Pfeffer gemahlen 1 Prise / 0,5g. ()
Parmesan 20 g. / 20g. (ja)
Pinienkerne 1 EL / 15g. (ja)
Schwarzkümmel 1 Prise / 1g. (ja)

Kochanleitung:
In einem geschlossenen Topf den tropfnassen Spinat mit etwas Salz 3 Min. zusammenfallen und in einem Sieb abtropfen lassen. Danach fein schneiden. Bandnudeln in reichlich Salzwasser bissfest kochen. Öl in einer beschichteten Pfanne erhitzen und in Ringe geschnittene Jungzwiebeln darin weich dünsten. Sahne, Crème fraîche, Thymian, Basilikum, Oregano und Muskat dazugeben. Die Soße unter Rühren etwas einkochen lassen, Spinat untermischen und kurz erhitzen und mit Muskat, Salz und Pfeffer abschmecken. Nudeln abgießen und abtropfen lassen und mit dem Spinat vermischen. Bei Bedarf mit Salz und Pfeffer nachwürzen. Nudeln portionieren und mit Parmesan und Pinienkernen anrichten. Den Schwarzkümmel drüberstreuen.

3.4 Bärlauchcremesuppe

Senkt Blutdruck, stärkt Immunsystem, hilft bei akuter oder chronischer Verstopfung, verbessert die Fließeigenschaften des Blutes.

Anzahl Portionen: 4
Kalorien p. Portion 240
Gramm p. Portion 322,75
Kochdauer ca. 15 Min.
Allergene: GL
(Kohlehydrat:63,31% / Eiweiß & Fett:36,69%)
100g.≈ Eiweiß 3,69g. Fett:21,17g.
µg. - Ph:7,87 Na:6,52 Ka:22,93 Mg:19,04 Ca:75,86 Fe:0,27 Zn:0,01 Col.:0 Hsr.:1,06

Zutaten:
Bärlauch (Knoblauchspinat) 250 g. / 250g. (ja)
Zwiebel Frühlingszwiebel 2 Stück / 40g. (ja)
Grundrezept für eine Gemüsebrühe nahrhaft 3/4 Liter / 750g. (ja)
Sahne, süß 30% 250 g. / 250g. (wenig)
Salz 1 Prise / 1g. (wenig)

Kochanleitung:
Frischen Bärlauch: waschen, vorsichtig trocknen und in feine Streifen schneiden. Getrockneten Bärlauch: ca. 80 g in 40 ml Wasser 10 Min. quellen lassen. Bärlauch mit der feingewürfelten Zwiebel in heißer Butter kurz andünsten, mit der Gemüsebrühe ablöschen und bei mittlerer Hitze 10 Min. köcheln lassen. Die Suppe anschließend pürieren, mit der Schlagsahne verfeinern und mit Salz abschmecken.

3.5 Bärlauch-Knödel

Verbessert Verdauung und Fließeigenschaften des Blutes, senkt Blutdruck und Cholesterinspiegel.

Anzahl Portionen: 4
Kalorien p. Portion 906
Gramm p. Portion 383,25
Kochdauer ca. 30 Min.
Allergene: ACG
(Kohlehydrat:47,33% / Eiweiß & Fett:52,67%)
100g.≈ Eiweiß 30,28g. Fett:15,12g.
µg. - Ph:25,84 Na:57,58 Ka:61,9 Mg:6,13 Ca:17,61 Fe:0,26 Zn:0,04 Col.:1,54 Hsr.:16,93

Zutaten:
Kartoffel (mehlige) 500 g. / 500g. (ja)
Bärlauch (Knoblauchspinat) 200 g / 200g. (ja)
Butter (halbfett) 40 g. / 40g. (wenig)
Weizen Mehl 150 g. / 150g. (ja)
Weizen Gries 50 g. / 50g. (ja)

Huhn Eigelb 2 Stück / 20g. (wenig)
Zwiebel weiss 1 Stück / 50g. (ja)
Butter (halbfett) 10 g. / 10g. (wenig)
Tomate 200 g / 200g. (ja)
Zucker (weiß, aus Rüben) 1 Prise / 1g. (wenig)
Pute Schinken 250 g. / 250g. (wenig)
Olivenöl 1 EL / 10g. (ja)
Parmesan 50 g. / 50g. (ja)
Salz 1 Prise / 1g. (wenig)
Pfeffer gemahlen 1 Prise / 0,5g. ()
Muskatnuss 1 Prise / 0,5g. (ja)

Kochanleitung:
Kartoffeln in Salzwasser kochen, schälen und noch heiß durch die
Presse drücken. Frischen Bärlauch: waschen, putzen und kurz in
sprudelnd kochendes Salzwasser tauchen (blanchieren). Kalt
abschrecken und abtropfen lassen. Den Bärlauch grob hacken.
Getrockneten Bärlauch: ca. 100 g in 100 ml Wasser 10 Min. einweichen
lassen und mit dem Wasser verwenden.50 g der Butter schmelzen.
Mehl, Grieß, Eigelbe und flüssige Butter mit der Kartoffelmasse
vermischen, Bärlauch einkneten. Mit Salz, Pfeffer und geriebener
Muskatnuss würzen und die Masse etwa 15 Min. ruhen lassen. Zwiebel
abziehen, fein hacken und in der restlichen Butter andünsten.
Kleingeschnittene Tomaten dazugeben, einige Minuten köcheln lassen,
mit Salz, Pfeffer und Zucker würzen. Aus der Kartoffelmasse pro
Person 3 Knödel formen. In Salzwasser etwa 15 Min. leise köcheln
lassen. In der Zwischenzeit den Schinken in Öl leicht braten. Den Käse
reiben. Knödel abtropfen lassen, mit dem Schinken, der Tomatensoße
und geriebenem Käse servieren.

3.6 Bärlauch-Rührei-Brote

Beruhigt Nerven und Magen, verbessert die Fließeigenschaften des
Blutes, löst Verstopfung.

Anzahl Portionen: 2
Kalorien p. Portion 360
Gramm p. Portion 255,75
Kochdauer ca. 10 Min.
Allergene: AC
(Kohlehydrat:39,87% / Eiweiß & Fett:60,13%)
100g.≈ Eiweiß 24,55g. Fett:18,43g.
µg. - Ph:90,55 Na:122,22 Ka:113,66 Mg:15,37 Ca:30,42 Fe:1,24 Zn:0,36 Col.:46,45
Hsr.:10,82

Zutaten:
Bärlauch (Knoblauchspinat) 120 g. / 120g. (ja)
Huhn Ei 4 Stück / 240g. (wenig)
Salz 1 Prise / 1g. (wenig)
Pfeffer gemahlen 1 Prise / 0,5g. ()
Vollkornbrot 6 Stück / 150g. (empfehlenswert)

Kochanleitung:
Frischen Bärlauch: waschen, vorsichtig trocknen und in feine Streifen schneiden. Getrockneten Bärlauch: ca. 80 g in 40 ml Wasser 10 Min. quellen lassen. In einer Pfanne das Öl erhitzen. Die verquirlten Eier, Bärlauch, Salz und Pfeffer mischen, in die Pfanne gießen und so lange rühren, bis sich das Ei von der Pfanne löst und feine Klumpen bildet. Auf Vollkornbrotscheiben anrichten.

3.7 Bircher Müsli

Ballaststoffreich, verdauungsregulierend, lindert Verstopfung, stärkt Magen und Abwehrkraft, fördert Gewichtsabnahme, gut bei Abwehrschwäche und Appetitlosigkeit.
Anzahl Portionen: 1
Kalorien p. Portion 384
Gramm p. Portion 311
Kochdauer ca. 2 Stunden
Allergene: AGH
(Kohlehydrat:69,38% / Eiweiß & Fett:30,62%)
100g.≈ Eiweiß 9,57g. Fett:13,23g.
µg. - Ph:87,92 Na:21,96 Ka:193,37 Mg:28,41 Ca:51,47 Fe:0,78 Zn:0,5 Col.:3,6 Hsr.:26,51

Zutaten:
Müsli 2 EL / 20g. (empfehlenswert)
Hafer Flocken (Vollkorn) 2 EL / 20g. (empfehlenswert)
Joghurt (natur, 3,5 % Fett) 6 EL / 80g. (ja)
Zitrone 1 EL / 10g. (ja)
Acerola Fruchtnektar oder Pulver 1/2 TL / 1g. (wenig)
Apfel (sauer) 1 Stück / 170g. (wenig)
Haselnüsse 1 EL / 10g. (ja)

Kochanleitung:
Haferflocken in Joghurt einrühren und für einige Stunden (oder über Nacht) in den Kühlschrank stellen. Zum Süßen können Rosinen mit dazu gegeben werden. Dann die geriebenen Nüsse, den Zitronensaft, Acerola und geriebenen Apfel untermengen.

3.8 Bittergurke mit Tomaten-Gemüse

Gegen Altersdiabetes, Verstopfung und Infektionen. Fördert Verdauung, regt an, wärmt, ist krampflösend und appetitanregend.

Anzahl Portionen: 2
Kalorien p. Portion 177
Gramm p. Portion 274,75
Kochdauer ca. 30 Min.
Allergene: G
(Kohlehydrat:47,08% / Eiweiß & Fett:52,92%)
100g.≈ Eiweiß 3,69g. Fett:12,19g.
µg. - Ph:20,69 Na:6,48 Ka:110,74 Mg:10,02 Ca:20,62 Fe:0,33 Zn:0,05 Col.:0,26 Hsr.:3,8

Zutaten:
Gurke (bitter) 2 Stück / 250g. (empfehlenswert)
Tomate 2 Stück / 200g. (ja)
Joghurt (natur, 3,5 % Fett) 4 EL / 40g. (ja)
Maiskeimöl 3 EL / 20g. (wenig)
Zitrone 1 Stück / 5g. (ja)
Knoblauch 4 Stück / 5g. (ja)
Ingwer frisch 10 g. / 10g. (ja)
Chili (Schote oder gemahlen) 2 g. / 2g. (ja)
Koriander 1 EL / 5g. (ja)
Kardamom 1 EL / 5g. (ja)
Cumin (Kreuzkümmel) 1 EL / 5g. (ja)
Safran 1 g. / 1g. (ja)
Salz 1 Prise / 1g. (wenig)
Pfeffer gemahlen 1 Prise / 0,5g. ()

Kochanleitung:
Die Bittergurken halbieren, entkernen, zuerst in Streifen und dann in kleine Würfel schneiden. Tomaten würfelig und die Chilischote in dünne Ringe schneiden. Knoblauch und Ingwer schälen und fein schneiden. Die Bittergurken in einem Topf mit Öl unter Rühren anbraten. Tomaten, Knoblauch, Ingwer und Salz zufügen und 15 Min. köcheln lassen. Die Gewürze und den Zitronensaft unterrühren. Dazu passt Reis oder Kartoffeln.

3.9 Blattsalat mit Frischkäse

Die Bitterstoffe besitzen eine galle- und harntreibende Wirkung und fördern die Durchblutung im Verdauungstrakt mit deutlicher Verbesserung der gesamten Verdauungsfunktion. Senf verbessert Schilddrüsenfunktion und lindert rheumatische Beschwerden.

Anzahl Portionen: 1
Kalorien p. Portion 802
Gramm p. Portion 260,5
Kochdauer ca. 5 min.
Allergene: AFM
(Kohlehydrat:20,86% / Eiweiß & Fett:79,14%)
100g.≈ Eiweiß 22,11g. Fett:52,98g.
µg. - Ph:138,56 Na:312,5 Ka:257,23 Mg:28,83 Ca:84,45 Fe:0,54 Zn:0,48 Col.:0,06
Hsr.:14,62

Zutaten:
Blattsalate (bitter) 2 Portionen / 60g. (ja)
Frischkäse aus Soja 150 g. / 150g. (ja)
Senf 1 Messerspitze / 1g. (ja)
Zitrone Saft 1 Schuss / 3g. (ja)
Salz 1 Prise / 1g. (wenig)
Pfeffer gemahlen 1 Prise / 0,5g. ()
Kräuter verschiedene 2 TL / 4g. (ja)
Schwarzkümmel 1 Prise / 1g. (ja)
Vollkornbrot 2 Scheiben / 40g. (empfehlenswert)

Kochanleitung:
Blattsalat waschen und klein zupfen. 150 g Frischkäse, etwas Senf, einen Spritzer Zitronensaft, 1 Zehe Knoblauch, gehackte frische Kräuter, eine Prise Pfeffer und zerstoßenen Schwarzkümmel verrühren und über den Salat geben. Dazu Vollkornbrot reichen.

3.10 Blitzschnelle Zucchinisuppe

Harntreibend, stärkt Magen-Darm-Funktion, erweitert Blutgefäße, bakterizid, beugt Krebs vor, beugt Krankheiten vor (bei älteren Menschen), regt Leberfunktion an, entgiftet.

Anzahl Portionen: 4
Kalorien p. Portion 42
Gramm p. Portion 241,5
Kochdauer ca. 10 min
(Kohlehydrat:46,03% / Eiweiß & Fett:53,97%)
100g.≈ Eiweiß 1,77g. Fett:2,05g.
µg. - Ph:3,81 Na:0,41 Ka:29,78 Mg:3,2 Ca:5,37 Fe:0,22 Zn:0,01 Col.:0 Hsr.:2,85

Zutaten:
Zucchini 2-3 Stück / 500g. (empfehlenswert)
Zwiebel weiss 1 Stück / 50g. (ja)
Maiskeimöl 2 EL / 6g. (wenig)
Petersilie 1 EL / 7g. (ja)
Lauchzwiebel Schnittlauch 1 TL / 3g. (ja)
Wasser 1/2 Liter / 400g. (ja)

Kochanleitung:
Gehackte Zwiebel in Öl andünsten. In Scheiben geschnittene Zucchini
zufügen und gut andünsten. Mit Wasser aufgießen. Petersilie und
Schnittlauch grob gehackt zufügen und alles pürieren.

3.11 Bratapfel

Gut bei akuter oder chronischer Verstopfung, erwärmt Magen und Milz,
fördert Durchblutung. Gut bei Magenschmerzen, Verdauungsstörungen,
Nierenschwäche, Rücken- und Bauchschmerzen, Impotenz,
Nierenschwäche.

Anzahl Portionen: 4
Kalorien p. Portion 408
Gramm p. Portion 353,5
Kochdauer ca. 30 Min.
Allergene: GH
(Kohlehydrat:51% / Eiweiß & Fett:49%)
100g.≈ Eiweiß 11,89g. Fett:22,21g.
µg. - Ph:5,08 Na:1,79 Ka:11,92 Mg:1,37 Ca:5,71 Fe:0,03 Zn:0,03 Col.:4,65 Hsr.:0,51

Zutaten:
Apfel (sauer) 4 Stück / 500g. (wenig)
Haselnüsse 50 g. / 50g. (ja)
Mandeln 50 g. / 50g. (ja)
Zimtpulver 1 Prise / 0,2g. (ja)
Vanillezucker natur 1 Paket / 3g. (wenig)
Kuhmilch (Vollmilch 3,5 % Fett) 2 EL / 24g. (ja)
Zucker (Staubzucker) 3 EL / 36g. (wenig)
Zimtpulver 1 Prise / 1g. (ja)

Kochanleitung:
Die Äpfel waschen, einen Deckel abkappen, Kerngehäuse mit einem
Teelöffel ausstechen, so dass unten der Apfel dicht bleibt. Nüsse,
Mandelstifte, Fruchtzucker, Milch, Vanillezucker und Zimt gut
vermengen und die Masse in die Äpfel füllen. Die Deckel wieder
aufsetzen. Im vorgeheizten Backofen bei 180 Grad ca. 20 Min. backen.
Staubzucker und Zimt mischen, Vanille-Joghurt auf Teller verteilen und

jeweils 1 Bratapfel darauf setzen, mit Zimt-Staubzuckermischung bestreuen und sofort heiß servieren!

3.12 Brokkolicrèmesuppe

Gegen Thrombose, fördert Schilddrüsenfunktion, stärkt das Immunsystem, fördert Aufbau und Erhalt von gesunden Knochen, Zähnen, Haaren und Nägeln. Senkt Blutdruck, bakterizid, beugt Krebs vor, reduziert Strahlenverletzungen.

Anzahl Portionen: 6
Kalorien p. Portion 98
Gramm p. Portion 251,25
Kochdauer ca. 30 min.
Allergene: LO
(Kohlehydrat:78,7% / Eiweiß & Fett:21,3%)
100g.≈ Eiweiß 4,18g. Fett:1,91g.
µg. - Ph:6,81 Na:2,68 Ka:26,22 Mg:8,36 Ca:32,5 Fe:0,16 Zn:0,01 Col.:0 Hsr.:2,7

Zutaten:
Olivenöl 2-3 EL / 7g. (ja)
Brokkoli 500 g. / 500g. (ja)
Karotte (Mohrrübe, Möhre) 2 Stück / 150g. (ja)
Kartoffel 2 Stück / 120g. (ja)
Zwiebel weiss 1 Stück / 50g. (ja)
Wasser 1 Tasse / 50g. (ja)
Grundrezept für eine Gemüsebrühe nahrhaft 1/2 Liter / 500g. (ja)
Weißwein 1/8 Liter / 125g. (wenig)
Salbei 1 TL / 2g. (ja)
Rosmarin 1 TL / 2g. (ja)
Pfeffer gemahlen 1 Prise / 0,5g. ()
Salz 1 Prise / 1g. (wenig)

Kochanleitung:
Olivenöl in die Pfanne geben, den gewaschenen und in Stücke geschnittenen Brokkoli, gewürfelte Karotten und Kartoffeln zugeben, kurz andünsten, klein geschnittene Zwiebel zufügen und alles mindestens drei fingerbreit mit Wasser auffüllen. Mit Brühe und ganz wenig Weißwein aufgießen und mit Salz, geschnittenem Salbei und Rosmarin würzen, aufkochen lassen und auf kleinem Feuer ca. 25 Min. köcheln lassen. Mit Pfeffer und evtl. noch mal Meersalz würzen und alles pürieren.

3.13 Brokkoli-Parmesan-Aufstrich auf Toastbrot

Fördert Blutgerinnung, Schilddrüsenfunktion und Eigenaufbau von Vitamin B12. Immun- und abwehrsteigernd, löst Stagnation. Gut bei Aufstoßen, Diabetes, akuter oder chronischer Verstopfung, Appetitlosigkeit.

Anzahl Portionen: 2
Kalorien p. Portion 148
Gramm p. Portion 170,5
Kochdauer ca. 15 Min.
Allergene: AG
(Kohlehydrat:29% / Eiweiß & Fett:71%)
100g.≈ Eiweiß 12,1g. Fett:11,33g.
µg. - Ph:34,79 Na:27,37 Ka:60,2 Mg:5,76 Ca:40,04 Fe:0,24 Zn:0,19 Col.:1,88 Hsr.:6,09

Zutaten:
Brokkoli 200 g / 200g. (ja)
Topfen (Quark) 20% 80 g. / 80g. (ja)
Joghurt (natur, 1,5 % Fett) 1 EL / 10g. (ja)
Parmesan 2 EL / 15g. (ja)
Zitrone Schale 1/2 TL / 1g. (ja)
Basilikum (frisch) 1 EL / 5g. (ja)
Lauchzwiebel Schnittlauch 1 EL / 5g. (ja)
Salz 1 Prise / 1g. (wenig)
Pfeffer gemahlen 1 Prise / 0,3g. ()
Toastbrot (Vollkorn) 6 Scheiben / 24g. (ja)

Kochanleitung:
Brokkoli zugedeckt in einem Siebeinsatz über Wasserdampf in 8 Min. bissfest garen und fein hacken. Quark, Joghurt, Parmesan und Zitronenschale gut verrühren und mit dem Brokkoli, Basilikum und Schnittlauch vermischen. Den Aufstrich mit Salz und Pfeffer abschmecken und auf dem knusprig getoasteten Brot servieren.

3.14 Bunte toskanische Bohnensuppe

Fördert Verdauung, hilft Fett zu verdauen, harntreibend, senkt Blutdruck und beruhigt den Magen.

Anzahl Portionen: 3
Kalorien p. Portion 249
Gramm p. Portion 256
Kochdauer ca. 2 Stunden
Allergene: L
(Kohlehydrat:38% / Eiweiß & Fett:62%)
100g.≈ Eiweiß 6,91g. Fett:17,64g.
µg. - Ph:1,92 Na:0,64 Ka:6,57 Mg:1,02 Ca:1,91 Fe:0,4 Zn:0,03 Col.:0,01 Hsr.:3,71

Zutaten:
Nierenbohnen (rote) 50 g. / 50g. (empfehlenswert)
Kichererbsen 25 g. / 25g. (empfehlenswert)
Linsen (Helmbohnen) 25 g. / 25g. (empfehlenswert)
Sellerie Stangensellerie 1 Stange / 10g. (ja)
Tomate 2 Stück / 100g. (ja)
Fenchelsamen gemahlen 1/2 TL / 1g. (ja)
Salz 1 Prise / 1g. (wenig)
Pfeffer gemahlen 1 Prise / 0,5g. ()
Knoblauch 1 Zehe / 3g. (ja)
Olivenöl 3 EL / 50g. (ja)
Wasser 600 ml. / 500g. (ja)
Basilikum (frisch) 5-7 Blätter / 3g. (ja)

Kochanleitung:
Hülsenfrüchte einweichen, kochen und pürieren. Gemüse, Gewürze,
Kräuter und Öl zugeben und alles 2 Std. leicht garen. Variante:
Esskastanien (Maronen) geben dem Gericht noch eine speziell
italienische Note.

3.15 Couscous-Salat

Bakterizid, stärkt Magensaftproduktion, fördert Verdauung, regt
Leberfunktion an, senkt Blutdruck, stärkt Immunsystem.
Anzahl Portionen: 3
Kalorien p. Portion 338
Gramm p. Portion 285,67
Kochdauer ca. 25 Min.
Allergene: A
(Kohlehydrat:75,44% / Eiweiß & Fett:24,56%)
100g.≈ Eiweiß 12,22g. Fett:7,11g.
µg. - Ph:15,3 Na:17,27 Ka:83,68 Mg:6,5 Ca:21,3 Fe:0,46 Zn:0,07 Col.:0 Hsr.:13,69

Zutaten:
Wasser 250 ml. / 100g. (ja)
Olivenöl 1 EL / 15g. (ja)
Couscous 200 g / 200g. (ja)
Zitrone Saft 3 EL / 30g. (ja)
Zitrone Schale 1 TL / 2g. (ja)
Tomate 2 Stück / 80g. (ja)
Gurke 100 g. / 100g. (ja)
Karotte (Mohrrübe, Möhre) 100 g. / 100g. (ja)
Petersilie 1 Bund / 100g. (ja)
Lauchzwiebel Schnittlauch 1 Bund / 100g. (ja)
Pfefferminze 3 Äste / 30g. (ja)

Kochanleitung:
In einem kleinen Topf 250 ml Wasser mit Salz und 1 EL Olivenöl zum Kochen bringen. Couscous einrühren, vom Herd nehmen und zugedeckt 5 Min. quellen lassen. Couscous zurück auf den Herd stellen und bei milder Hitze weitere ca. 2 Min. unter ständigem leichten Rühren ziehen lassen. Eventuell noch 1-3 EL heißes Wasser untermischen. Couscous mit Zitronensaft, kleingehackter Zitronenschale und 1 EL Öl vermischen, mit Salz und Pfeffer abschmecken und etwas durchziehen lassen. Couscous mit gewürfelten Tomaten und Gurken, geriebenen Karotten, Petersilie, Schnittlauch und Minze (fein gehackt) vermischen. Couscous-Salat mit Zitronensaft, Salz und Pfeffer abschmecken.

3.16 Erdbeer-Joghurt-Mandelmus Mix

Lindert Schmerzen und Entzündungen bei Rheuma, leicht abführend, entgiftet, bakterizid. Gut bei akuter oder chronischer Verstopfung.

Anzahl Portionen: 3
Kalorien p. Portion 134
Gramm p. Portion 303,67
Kochdauer ca. 5 Min.
Allergene: GH
(Kohlehydrat:72,83% / Eiweiß & Fett:27,17%)
100g.≈ Eiweiß 4,53g. Fett:3,36g.
µg. - Ph:14,01 Na:4,45 Ka:50,73 Mg:5,21 Ca:17,13 Fe:0,28 Zn:0,02 Col.:0,12 Hsr.:6,49

Zutaten:
Joghurt (natur, 1,5 % Fett) 200 g / 200g. (ja)
Erdbeere 700 g. / 700g. (ja)
Honig 1 TL / 3g. (wenig)
Acerola Fruchtnektar oder Pulver 1 TL / 2g. (wenig)
Mandelmus 2 TL / 6g. (wenig)

Kochanleitung:
Joghurt, Erdbeeren, Acerola, Honig und Mandelmus im Mixer fein pürieren.

3.17 Erfrischende Gurkensuppe mit Kartoffeln

Harntreibend, entgiftend, unterdrückt Umwandlung von Zucker in Fett, senkt Cholesterinspiegel, beugt Krebs vor, lindert Entzündungen, verbessert Verdauung, löst Stagnation, fördert Durchblutung, fördert Appetit.

Anzahl Portionen: 3
Kalorien p. Portion 148
Gramm p. Portion 307,33
Kochdauer ca. 15 Min
Allergene: GN
(Kohlehydrat:70% / Eiweiß & Fett:30%)
100g.≈ Eiweiß 3,93g. Fett:5,09g.
µg. - Ph:3,72 Na:0,77 Ka:23,54 Mg:1,43 Ca:2 Fe:0,05 Zn:0,02 Col.:0 Hsr.:1,19

Zutaten:
Sesamöl 1 EL / 10g. (wenig)
Kartoffel 4 Stück / 300g. (ja)
Zwiebel Frühlingszwiebel 3 Stück / 60g. (ja)
Pfeffer gemahlen 1 Prise / 0,5g. ()
Muskatnuss 1 Prise / 1g. (ja)
Salz 1 Prise / 1g. (wenig)
Zitrone 1/2 Stück / 25g. (ja)
Gurke 2 Stück / 500g. (ja)
Sahne, süß 30% 1 EL / 10g. (wenig)
Dill 1 EL / 15g. (ja)

Kochanleitung:
Kleingeschnittene Kartoffeln und reichlich Frühlingszwiebeln in Sesamöl anbraten und mit Pfeffer, etwas Muskat, Salz und Zitronensaft würzen. Heißes Wasser und gewürfelte Salatgurke dazugeben, ca. 10 Min. dünsten und danach pürieren. Etwas süße Sahne nach Belieben und frischen Dill zufügen. Variante: Etwas Chili, Oregano, Thymian oder Rosmarin dazugeben, um die abkühlende Wirkung zu mildern.

3.18 Fein gewürzte Zucchini mit Tomaten

Harntreibend, fördert Verdauung, hilft Fett zu verdauen, senkt Blutdruck, löst Stagnation, antioxidativ, erwärmt den Körper von innen, erweitert die Gefäße.

Anzahl Portionen: 4
Kalorien p. Portion 203
Gramm p. Portion 396,5
Kochdauer ca. 10 Min.
(Kohlehydrat:71,84% / Eiweiß & Fett:28,16%)
100g.≈ Eiweiß 5,39g. Fett:6,62g.
µg. - Ph:10,4 Na:0,79 Ka:35,33 Mg:6,3 Ca:5,58 Fe:0,26 Zn:0,02 Col.:0 Hsr.:5,53

Zutaten:
Olivenöl 1 EL / 20g. (ja)
Zwiebel weiss 2 Stück / 120g. (ja)
Zucchini 4 Stück / 800g. (empfehlenswert)
Oregano getrocknet 1 Prise / 1g. (ja)
Basilikum (frisch) 6-8 Blatt / 3g. (ja)
Salz 1 Prise / 1g. (wenig)
Tomate 2 Stück / 120g. (ja)
Reis Vollkorn 1 Tasse / 120g. (empfehlenswert)
Wasser 6 Tassen / 400g. (ja)
Salz 1 Prise / 1g. (wenig)

Kochanleitung:
Fein geschnittene Zwiebeln und klein geschnittene Zucchini in Olivenöl in einer Pfanne anbraten, bis sie halb gar sind und reichlich getrockneten Oregano dazugeben. Salzen und klein geschnittene Tomaten einige Minuten mitdünsten, bis die Zucchini gar, aber noch knackig sind. Mit frischem Basilikum anrichten. Variante: Über die Tomaten etwas Schafskäse geben und mit geschlossenem Deckel zu Ende garen. Den Reis im gesalzenen Wasser aufsetzen, aufkochen lassen und bei kleiner Hitze ca. 15 Min. quellen lassen.

3.19 Fenchel-Kartoffel-Auflauf

Lindert Entzündungen, verbessert Durchblutung, verbessert Verdauung, harntreibend, senkt Cholesterinspiegel. Gut bei Appetitlosigkeit, Blähungen, Darmentzündungen, Sodbrennen. Stärkt Magensaftproduktion.

Anzahl Portionen: 2
Kalorien p. Portion 147
Gramm p. Portion 230,5
Kochdauer ca. 1 1/2 Stunden
Allergene: CGL
(Kohlehydrat:68% / Eiweiß & Fett:32%)
100g.≈ Eiweiß 5,72g. Fett:5,42g.
µg. - Ph:15 Na:12,98 Ka:80,91 Mg:13,52 Ca:40,41 Fe:0,41 Zn:0,09 Col.:7,81 Hsr.:3,64

Zutaten:
Fenchel 200 g. / 200g. (ja)
Kartoffel 125 g. / 125g. (ja)
Grundrezept für eine Gemüsebrühe nahrhaft 100 ml. / 100g. (ja)
Butter Bio 1 TL / 3g. (wenig)
Reismehl 2 TL / 6g. (wenig)
Sahne sauer 10% 1 TL / 3g. (ja)

Salz 1 Prise / 1g. (wenig)
Zucker Ursüße (Zuckerrohr) süß 1 Prise / 1g. (wenig)
Huhn Eigelb 1 Stück / 10g. (wenig)
Pfeffer Cayenne 1 Prise / 0,5g. (ja)
Muskatnuss 1 Prise / 0,5g. (ja)
Petersilie 1 TL / 2g. (ja)
Lauchzwiebel Schnittlauch 1 TL / 3g. (ja)
Parmesan 1 TL / 3g. (ja)
Butter Bio 1 TL / 3g. (wenig)

Kochanleitung:
Kartoffeln in der Schale kochen, abkühlen lassen und dann schälen.
Fenchel waschen, Stiele abschneiden und evtl. äußere Blätter
entfernen. Fenchelgrün zurückhalten und später mit den anderen
Kräutern zur Soße geben. Fenchelknollen ca. 15-20 Min. dünsten.
Danach Kartoffeln und Fenchel in Scheiben schneiden und
schichtweise in eine gefettete Auflaufform geben. Flüssigkeit aus
Fenchelbrühe zum Kochen bringen und mit Mehl binden. Mit Meersalz,
Cayennepfeffer, Zucker, Muskat und saurer Sahne abschmecken.
Abkühlen lassen und mit Eigelb legieren. Die Soße über den Auflauf
verteilen, mit Parmesan, fein gehackter Petersilie und Schnittlauch
bestreuen. Alles 30 Min. bei ca. 200 Grad im Backofen überbacken.

3.20 Fischsuppe mit Rosmarin

Stärkt Magen, Milz und Leber, senkt Blutdruck, bakterizid, stärkt
Immunsystem, beugt Krebs vor, reduziert Strahlenverletzungen, ist
cholesterinarm und eiweißreich, fördert Durchblutung, regt Appetit an,
antioxidativ, löst Stagnation.
Anzahl Portionen: 4
Kalorien p. Portion 271
Gramm p. Portion 284,25
Kochdauer ca. 30 Min.
Allergene: DLO
(Kohlehydrat:38,39% / Eiweiß & Fett:61,61%)
100g.≈ Eiweiß 15,39g. Fett:14,78g.
µg. - Ph:19,71 Na:7,22 Ka:47,56 Mg:3,06 Ca:5,32 Fe:0,13 Zn:0,03 Col.:0,01 Hsr.:14,36

Zutaten:
Grundrezept für eine Fischbrühe 1/2 Liter / 500g. (ja)
Rosmarin 1/2 Bund / 7g. (ja)
Zwiebel Frühlingszwiebel 1 Stück / 20g. (ja)
Olivenöl 2 EL / 35g. (ja)
Fischstücke gemischt (Süßwasser) 250 g. / 250g. (ja)
Karotte (Mohrrübe, Möhre) 1 Stück / 120g. (ja)

Pastinake 1 Stück / 180g. (ja)
Sellerie Knolle 1 Scheibe / 20g. (ja)
Salz 1 Prise / 1g. (wenig)
Pfeffer Körner 2 Stück / 1g. (ja)
Knoblauch 1 Zehe / 3g. (ja)

Kochanleitung:
Zwiebel und Knoblauch in Öl glasig braten und mit Fischbrühe
aufgießen. Gewürfelte Karotte, Pastinake und Sellerie hinzugeben. Mit
Salz und Pfefferkörnern würzen. Die Suppe 25 Min. bei schwacher
Hitze köcheln lassen. Den Fisch waschen, mit Zitronensaft beträufeln,
in Stücke teilen und mit dem abgezupften Rosmarin in die Suppe
geben. Alles 5 Min. bei schwacher Hitze garen. Schnittlauch und
Petersilie dazugeben und die Suppe mit dem Salz abschmecken.

3.21 Frischkäseersatz

Gut bei Laktoseintoleranz. Gut bei Abwehrschwäche, Arteriosklerose,
Blähungen, Blasenschwäche, Blutarmut, Bluthochdruck. Stärkt
Körperenergie, fördert Verdauung und Gewichtsabnahme.
Anzahl Portionen: 2
Kalorien p. Portion 526
Gramm p. Portion 328
Kochdauer ca. 20 Min.
Allergene: AE
(Kohlehydrat:63,78% / Eiweiß & Fett:36,22%)
100g.≈ Eiweiß 19,62g. Fett:12,76g.
µg. - Ph:65,08 Na:279,59 Ka:111,24 Mg:19,56 Ca:10,63 Fe:0,82 Zn:0,33 Col.:0
Hsr.:32,32

Zutaten:
Sojabohnenmilch 1 Liter / 300g. (ja)
Zitrone 1 Stück / 50g. (ja)
Kräuter verschiedene 2 EL / 6g. (ja)
Vollkornbrot 6 Scheiben / 300g. (empfehlenswert)

Kochanleitung:
Sojamilch in einen Topf geben, unter gelegentlichem Rühren (brennt
leicht an!) zum Kochen bringen und abkühlen lassen. Zitrone
auspressen, leicht unter die abgekühlte Sojamilch (ca. 80 Grad) rühren
und ca. 20 Min. ruhen bzw. gerinnen lassen. Geronnene Sojamilch
durch ein mit dem Geschirrtuch ausgelegtes Sieb gießen, Flüssigkeit
ablaufen lassen und danach Restflüssigkeit mit dem Geschirrtuch
auspressen. Nach Geschmack mit frischen Kräutern verfeinern. Dazu
Vollkornbrot servieren.

3.22 Frühstück mit Käse

Körperschwäche, Magendruck, Aufstoßen, Diabetes, akute oder chronische Verstopfung des Darmes, Hautprobleme. Kaffee wirkt harntreibend, regt Appetit an, entgiftet, erhöht Blutzucker, harmonisiert Herz-Rhythmus.

Anzahl Portionen: 1
Kalorien p. Portion 512
Gramm p. Portion 324
Kochdauer ca. 10 Min.
Allergene: AGO
(Kohlehydrat:47,95% / Eiweiß & Fett:52,05%)
100g.≈ Eiweiß 21,38g. Fett:30,96g.
µg. - Ph:145,95 Na:235,6 Ka:118,65 Mg:23,16 Ca:98,48 Fe:0,91 Zn:1,2 Col.:7,47 Hsr.:21,31

Zutaten:
Wasser 1 Tasse / 120g. (ja)
Kaffee 2 TL / 4g. (ja)
Vollkornbrot 2 Scheiben / 100g. (empfehlenswert)
Margarine 10 g. / 10g. (wenig)
Edamer 30 g. / 30g. (ja)
Erdbeermarmelade 20 g. / 20g. (wenig)
Topfen (Quark) 20% 40 g. / 40g. (ja)

Kochanleitung:
Kaffee wie gewohnt zubereiten. Zucker vermeiden oder Süßstoff verwenden. Bestreichen Sie die Brote mit Margarine und geben Sie den Käse und die Marmelade zur Auswahl auf den Frühstückstisch. Dekorativ anrichten erhöht den Appetit.

3.23 Gefrorener Ananassaft

Lindert Entzündungen, harntreibend, reinigt die Haut.

Anzahl Portionen: 1
Kalorien p. Portion 29
Gramm p. Portion 50
Kochdauer ca. 1 1/2 Stunden
(Kohlehydrat:95,07% / Eiweiß & Fett:4,93%)
100g.≈ Eiweiß 0,25g. Fett:0,1g.
µg. - Ph:9 Na:2 Ka:173 Mg:17 Ca:16 Fe:0,4 Zn:0,3 Col.:0 Hsr.:7

Zutaten:
Ananas 50 g. / 50g. (ja)

Kochanleitung:
Ananas selbst entsaften oder Bio-Ananassaft in kleinen Portionen einfrieren und bei Bedarf lutschen.

3.24 Gekochter Selleriesalat mit exotischen Gewürzen

Stärkt Magen, bindet Wasser im Darm, antibakteriell, blutbildend, blutreinigend, entzündungshemmend, fördert Durchblutung.

Anzahl Portionen: 4
Kalorien p. Portion 165
Gramm p. Portion 341,12
Kochdauer ca. 30 Min.
Allergene: GLMNO
(Kohlehydrat:47,77% / Eiweiß & Fett:52,23%)
100g.≈ Eiweiß 5,56g. Fett:9,14g.
µg. - Ph:13,51 Na:24,66 Ka:69,44 Mg:3,02 Ca:20,16 Fe:0,1 Zn:0,01 Col.:0,2 Hsr.:12,08

Zutaten:
Sellerie Knolle 1 1/2 Stück / 900g. (ja)
Joghurt (natur, 3,5 % Fett) 1 Becher / 250g. (ja)
Sauerrahm 15% Fett 2 EL / 20g. (ja)
Kurkuma (Gelbwurz) 1 Prise / 1g. (ja)
Sesamöl 1 EL / 20g. (wenig)
Pfeffer gemahlen 1 Prise / 0,5g. ()
Zitronengras 1 Prise / 1g. (ja)
Zwiebel weiss 1/2 Stück / 25g. (ja)
Senf 1/2 TL / 1g. (ja)
Schwarzkümmel 1 Prise / 1g. (ja)
Salz 1 Prise / 1g. (wenig)
Zitrone Saft 1 Stück / 40g. (ja)
Apfel (sauer) 1/2 Stück / 100g. (wenig)
Paprika (Rosenpaprikapulver) 1 Prise / 1g. (ja)
Essig (Apfelessig) 1 Schuss / 3g. (ja)

Kochanleitung:
Den Sellerie waschen, schälen und in dicke Scheiben schneiden. In heißem Wasser gar kochen und in längliche, mundgerechte Streifen schneiden. Dressing: Etwas Joghurt, Sauerrahm, Kurkuma, Sesamöl, Pfeffer, Zitronengraspulver, fein geschnittene Zwiebel, etwas Senf, Salz, zerstoßenen Schwarzkümmel, etwas kaltes Wasser, Zitronensaft oder Essig gut vermengen. Den halben säuerlichen Apfel kleingeschnitten, etwas Rosenpaprika und den lauwarmen Sellerie dazugeben und gut vermischen. 2-3 Std. oder über Nacht ziehen lassen. Ideal als Ersatz für Rohkost, auf die man wegen Verdauungsschwäche verzichten möchte.

3.25 Gemüseeintopf mit provenzalischer Pistou

Stärkt Magen, Milz und Leber, senkt Blutdruck, bakterizid, stärkt Immunsystem, beugt Krebs vor, reduziert Strahlenverletzungen, löst Stagnation, lindert Verstopfung, produziert Muttermilch.

Anzahl Portionen: 8
Kalorien p. Portion 137
Gramm p. Portion 323,12
Kochdauer ca. 1 1/2 Stunden
Allergene: AGL
(Kohlehydrat:75% / Eiweiß & Fett:25%)
100g.≈ Eiweiß 5,89g. Fett:6,34g.
µg. - Ph:0,65 Na:0,64 Ka:2,48 Mg:1,06 Ca:4,28 Fe:0,02 Zn:0 Col.:0,01 Hsr.:0,25

Zutaten:
Tomate 200 g. / 200g. (ja)
Olivenöl 2 EL / 30g. (ja)
Knoblauch 1 Zehe / 5g. (ja)
Toastbrot (Vollkorn) 1 Scheibe / 5g. (ja)
Parmesan 30 g. / 30g. (ja)
Basilikum (frisch) 1 Bund / 125g. (ja)
Salz 1 Prise / 2g. (wenig)
Pfeffer gemahlen 1 Prise / 1g. ()
Oregano getrocknet 1 TL / 3g. (ja)
Grundrezept für eine Gemüsebrühe nahrhaft 1 1/4 Liter / 1250g. (ja)
Karotte (Mohrrübe, Möhre) 150 g. / 150g. (ja)
Sellerie Knolle 100 g. / 100g. (ja)
Brokkoli 200 g. / 200g. (ja)
Fenchel 1 Stück / 250g. (ja)
Thymian getrocknet 1/2 TL / 2g. (ja)
Oregano getrocknet 1/2 TL / 2g. (ja)
Lorbeerblatt 1 Stück / 0,5g. (ja)
Erbse, grün 50 g. / 50g. (ja)
Zwiebel Frühlingszwiebel 4 Stück / 80g. (ja)
Kartoffel 100 g. / 100g. (ja)

Kochanleitung:
Soße: Tomaten abziehen, in kleine Stücke schneiden und zusammen mit fein gehacktem Knoblauch in Olivenöl ein wenig einkochen. Toastbrot (zerkrümelt), frischen fein geriebenen Parmesan, fein geschnittenen Basilikum, Oregano, Salz und Pfeffer dazugeben. Suppe: Gemüsebrühe nach Grundrezept zum Kochen bringen, in grobe Scheiben geschnittene Karotten, würfelig geschnittenen Sellerie, würfelig geschnittene Kartoffel, kleine Röschen Brokkoli, kleingeschnittene Fenchelknolle, Erbsen, Thymian, Oregano und das

Lorbeerblatt hinzufügen und 10 Min. kochen lassen. Frühlingszwiebeln in dünne Ringe geschnitten zufügen und weitere 2 Min. mitkochen. Einige Esslöffel Soße in eine Suppenschüssel füllen und kochend heiße Brühe damit verrühren. Nach und nach die Soße mit der Suppe mischen.

3.26 Gemüse-Grieß-Suppe

Harntreibend, harmonisiert Magen und Darm, senkt Blutdruck, regt Verdauung an, reduziert Schmerzen, senkt Cholesterinspiegel, entgiftet. Gut bei Appetitlosigkeit, Blähungen, Darmentzündungen, Sodbrennen, Zwölffingerdarmgeschwüren.

Anzahl Portionen: 3
Kalorien p. Portion 199
Gramm p. Portion 459,67
Kochdauer ca. 20 Min.
Allergene: AEGL
(Kohlehydrat:78,84% / Eiweiß & Fett:21,16%)
100g.≈ Eiweiß 6,38g. Fett:7,03g.
µg. - Ph:12,79 Na:13,89 Ka:69,81 Mg:18,98 Ca:66,25 Fe:0,28 Zn:0,04 Col.:0,39 Hsr.:8,64

Zutaten:
Grundrezept für eine Gemüsebrühe nahrhaft 1/2 Liter / 500g. (ja)
Kartoffel 1 Stück / 80g. (ja)
Pastinake 1 Stück / 180g. (ja)
Karotte (Mohrrübe, Möhre) 1 Stück / 120g. (ja)
Sellerie Knolle 150 g. / 150g. (ja)
Kohlrabi 1/2 Stück / 200g. (ja)
Bohnen (grün, frisch) 10 dag. / 100g. (ja)
Weizen Gries 2 EL / 24g. (ja)
Liebstöckel 1/2 TL / 2g. (ja)
Butter Bio 1 EL / 20g. (wenig)
Sojasauce 1 TL / 3g. (ja)

Kochanleitung:
Vorbereitete Gemüsebrühe erhitzen und buntes Gemüse darin weich kochen. Etwas Weizengrieß einstreuen und quellen lassen. Am Schluss reichlich Liebstöckelgrün und etwas Butter unterrühren und mit Sojasoße abschmecken.

3.27 Gemüsereis

Stärkt Magen, löst Stagnation, fördert Gewichtsabnahme, stärkt Nieren und Blase, harntreibend, erwärmt den Körper von innen, reguliert Innenorganfunktionen. Gut bei Abwehrschwäche, Appetitlosigkeit, Blähungen und Bluthochdruck.

Anzahl Portionen: 3
Kalorien p. Portion 304
Gramm p. Portion 274,73
Kochdauer ca. 30 Min.
Allergene: L
(Kohlehydrat:87,6% / Eiweiß & Fett:12,4%)
100g.≈ Eiweiß 8,1g. Fett:3,41g.
µg. - Ph:35,4 Na:5,75 Ka:46,63 Mg:34,07 Ca:82,12 Fe:0,49 Zn:0,07 Col.:0 Hsr.:15,52

Zutaten:
Brokkoli 50 g. / 50g. (ja)
Karotte (Mohrrübe, Möhre) 50 g. / 50g. (ja)
Kohlrabi 50 g. / 50g. (ja)
Blumenkohl (Karfiol) 30 g. / 30g. (empfehlenswert)
Erbsen 20 g. / 20g. (ja)
Margarine 1 TL / 4g. (wenig)
Reis Vollkorn 200 g / 200g. (empfehlenswert)
Grundrezept für eine Gemüsebrühe nahrhaft 400 g. / 400g. (ja)
Petersilie 20 g. / 20g. (ja)
Pfeffer gemahlen 1 Prise / 0,2g. ()

Kochanleitung:
Brokkoli, Karotten und Kohlrabi in kleine Würfel schneiden und den Blumenkohl in kleine Röschen zerteilen. Die Margarine in einer Pfanne oder einem Topf erhitzen und das Gemüse darin andünsten. Anschließend den Reis zufügen, mit der Gemüsebrühe auffüllen und 15-20 Min. ausquellen lassen. In der Zwischenzeit die Petersilie fein hacken. Nach Garzeitende den Reis mit frisch gemahlenem Pfeffer und Petersilie abschmecken.

3.28 Gemüsesaft

Fördert Verdauung, hilft Fett zu verdauen, harntreibend, senkt Blutdruck, bakterizid, stärkt Magen und Immunsystem, beugt Krebs vor, reduziert Strahlenverletzungen, vertreibt innere Kälte, wirkt anregend.

Anzahl Portionen: 1
Kalorien p. Portion 64
Gramm p. Portion 225
Kochdauer ca. 15 Min.
Allergene: L
(Kohlehydrat:82,23% / Eiweiß & Fett:17,77%)
100g.≈ Eiweiß 2,47g. Fett:0,44g.
µg. - Ph:33,92 Na:30,92 Ka:205,63 Mg:13,57 Ca:34,59 Fe:1,18 Zn:0,33 Col.:0 Hsr.:19,76

Zutaten:
Sellerie Knolle 20 g. / 20g. (ja)
Karotte (Mohrrübe, Möhre) 100 g. / 100g. (ja)
Tomate 100 g. / 100g. (ja)
Knoblauch 1 Stück / 2g. (ja)
Salz 1 TL / 2g. (wenig)
Acerola Fruchtnektar oder Pulver 1/2 TL / 1g. (wenig)

Kochanleitung:
Alle Zutaten schälen, mit dem Entsafter zu einem Getränk verarbeiten und Acerola unterrühren.

3.29 Gerstenbrei mit gedünsteter Birne

Fördert Verdauung, harntreibend, stärkt Milz und Magen, kühlt Blase, befeuchtet Darm und Haut, entspannt, schweißtreibend.

Anzahl Portionen: 5
Kalorien p. Portion 113
Gramm p. Portion 305,8
Kochdauer ca. 25 Min.
Allergene: A
(Kohlehydrat:86% / Eiweiß & Fett:14%)
100g.≈ Eiweiß 3,26g. Fett:0,72g.
µg. - Ph:1,16 Na:0,11 Ka:2,09 Mg:0,44 Ca:0,33 Fe:0,01 Zn:0,01 Col.:0 Hsr.:0,42

Zutaten:
Wasser 10 Tassen / 1200g. (ja)
Gerste 1 Tasse / 120g. (ja)
Ingwer frisch 2 Scheiben / 2g. (ja)
Kardamom 3 Kapseln / 1g. (ja)
Salz 1 Prise / 1g. (wenig)
Birne 1 Stück / 200g. (ja)
Zucker Ursüße (Zuckerrohr) süß 1/2 EL / 5g. (wenig)

Kochanleitung:
Die Gerste zu grobem Schrot mahlen und trocken anrösten. Heißes
Wasser aufgießen, Ingwer und Kardamom hinzufügen und bei wenig
Hitze zu einem Brei quellen lassen. Birne schälen und würfeln und mit
wenig Wasser 10 Min. dünsten. Am Ende die gedünstete Birne mit
etwas Butter und Süßmittel zur Gerste geben. Variante: Wenn es
morgens schnell gehen soll, kann man an Stelle von Schrot
Gerstenflocken verwenden.

3.30 Gersten-Gemüse-Suppe

Nährt Blut, harntreibend, entgiftet, stärkt Milz und Leber, senkt
Blutdruck, bakterizid, stärkt Immunsystem, beugt Krebs vor, reduziert
Strahlenverletzungen, fördert Verdauung, hilft Fett zu verdauen,
harmonisiert Stoffwechsel.
Anzahl Portionen: 3
Kalorien p. Portion 281
Gramm p. Portion 304
Kochdauer ca.   2 Stunden
Allergene: AGL
(Kohlehydrat:73% / Eiweiß & Fett:27%)
100g.≈ Eiweiß 11,93g. Fett:5,74g.
µg. - Ph:9,75 Na:1,36 Ka:21,85 Mg:3,27 Ca:3,09 Fe:0,14 Zn:0,08 Col.:0,09 Hsr.:9,52

Zutaten:
Gerste 1 Tasse / 120g. (ja)
Shiitake, getrocknet 4 g. / 4g. (ja)
Zwiebel Schalotte 1 Stück / 20g. (ja)
Cumin (Kreuzkümmel) 1 Messerspitze / 0,5g. (ja)
Sonnenblumenöl 1 EL / 10g. (wenig)
Wasser 300 ml / 250g. (ja)
Sellerie Stangensellerie 2 Äste / 20g. (ja)
Erbse, grün 250 g. / 250g. (ja)
Tomate 1 Stück / 50g. (ja)
Karotte (Mohrrübe, Möhre) 2 Stück / 150g. (ja)
Stangenbohnen (Fisolen) 1 Handvoll / 30g. (empfehlenswert)
Salz 1 Prise / 1g. (wenig)
Pfeffer gemahlen 1 Prise / 0,5g. ()
Petersilie 1 TL / 3g. (ja)
Butter Bio 1 TL / 3g. (wenig)

Kochanleitung:
Gerste am Abend einweichen. Am nächsten Tag die Pilze separat
einweichen. Zwiebel und Cumin in Öl bräunen, dann mit Wasser

aufkochen. Das kleingeschnittene Gemüse, etwas Salz, die Gerste und die Shiitakepilze hinzufügen und alles zu einer dicken Suppe weich kochen. Am Ende mit Pfeffer, Petersilie und etwas Butter abschmecken.

3.31 Gerstenschrotsuppe

Harntreibend, stärkt Magen, befeuchtet Darm, regt Leberfunktion an, antioxidativ, fördert Verdauung, entgiftet, reduziert Blutfett, regt an, löst Stagnation.

Anzahl Portionen: 2
Kalorien p. Portion 265
Gramm p. Portion 201
Kochdauer ca. 25 Min.
Allergene: A
(Kohlehydrat:75,62% / Eiweiß & Fett:24,38%)
100g.≈ Eiweiß 8,17g. Fett:6,42g.
µg. - Ph:56,06 Na:4,73 Ka:103,77 Mg:19,04 Ca:16,65 Fe:0,63 Zn:0,22 Col.:0,01 Hsr.:17,61

Zutaten:
Gerste 1 Tasse / 120g. (ja)
Salz 1 Prise / 1g. (wenig)
Ingwer frisch 1/2 TL / 1g. (ja)
Olivenöl 1 EL / 10g. (ja)
Petersilie 3 EL / 30g. (ja)
Wasser 2 Tassen / 240g. (ja)

Kochanleitung:
Gerste in der Pfanne trocken rösten, anschließend zu Schrot mahlen und mit Wasser, etwas Salz und Ingwer zu einem Brei kochen. Vor dem Servieren Öl und Petersilie unterheben. Variante: Man kann dem Gericht einen noch besseren Geschmack verleihen, indem man es mit vorbereiteter Gemüse- oder Fleischbrühe kocht.

3.32 Getreidekaffee mit Kardamom

Harntreibend, stärkt Magen, befeuchtet Darm, befeuchtet die Haut, entspannt, vermindert Fettgewebe.

Anzahl Portionen: 1
Kalorien p. Portion 4
Gramm p. Portion 136
Kochdauer ca. 5 Min.
(Kohlehydrat:98,58% / Eiweiß & Fett:1,42%)
100g.≈ Eiweiß 0,12g. Fett:0,08g.
µg. - Ph:1,29 Na:1,02 Ka:7,9 Mg:2,49 Ca:5,37 Fe:0,08 Zn:0,09 Col.:0 Hsr.:0

Zutaten:
Getreidekaffee 1 EL / 15g. (ja)
Kardamom 2 Kerne / 1g. (ja)
Wasser 1 Tasse / 120g. (ja)

Kochanleitung:
Wasser, Kaffee, Zucker und Kardamom aufkochen und setzen lassen.

3.33 Grapefruitsaft

Fördert Verdauung, senkt Blutzucker, trocknet aus, liefert Vitamin C.
Anzahl Portionen: 1
Kalorien p. Portion 108
Gramm p. Portion   250
Kochdauer ca.   5 Min.
(Kohlehydrat:92,45% / Eiweiß & Fett:7,55%)
100g.≈ Eiweiß 1,5g. Fett:0,5g.
µg. - Ph:17 Na:2 Ka:180 Mg:10 Ca:18 Fe:0,3 Zn:0,2 Col.:0 Hsr.:15

Zutaten:
Grapefruit/Pampelmuse/Pomelo 1 Glas / 250g. (ja)

Kochanleitung:
Frische Grapefruit entsaften oder Biosaft verwenden.

3.34 Grundrezept für eine Fischbrühe

Kräftigt Nieren, harntreibend, senkt Blutdruck, bakterizid, stärkt
Immunsystem, beugt Krebs vor, reduziert Strahlenverletzungen, fördert
Durchblutung, ist cholesterinarm, eiweißreich und regt Appetit an.
Anzahl Portionen: 5
Kalorien p. Portion 128
Gramm p. Portion   243,8
Kochdauer ca.   40 min.
Allergene: DLO
(Kohlehydrat:33,81% / Eiweiß & Fett:66,19%)
100g.≈ Eiweiß 9,81g. Fett:5,2g.
µg. - Ph:14,91 Na:7,09 Ka:31,5 Mg:2,39 Ca:4,63 Fe:0,11 Zn:0,02 Col.:0,01 Hsr.:11,94

Zutaten:
Fischstücke gemischt (Süßwasser) 300 g. / 300g. (ja)
Sellerie Knolle 120 g. / 120g. (ja)
Lauch (Porree) 5 cm / 10g. (ja)
Karotte (Mohrrübe, Möhre) 2 Stück / 150g. (ja)
Weißwein 1/8 Liter / 125g. (wenig)
Zitrone 1/2 Stück / 50g. (ja)
Lorbeerblatt 2 Blätter / 2g. (ja)

Pfeffer Körner 3 Stück / 2g. (ja)
Olivenöl 1 EL / 10g. (ja)
Wasser 1/2 Liter / 450g. (ja)

Kochanleitung:
Kleingeschnittenen Sellerie, Karotten und Lauch in Olivenöl andünsten, Lorbeerblatt und Pfefferkörner zugeben, Fischstücke zufügen und kurz mitdünsten. Mit Wasser ablöschen, wenig Weißwein oder Zitrone zugeben und 30 Min. leise köcheln lassen. Mehrmals den entstehenden Schaum abschöpfen. Am Ende die Zutaten durch ein Sieb abseihen.

3.35 Grundrezept für eine nahrhafte Gemüsebrühe

Senkt Blutdruck und Blutfett, bakterizid, stärkt Immunsystem, beugt Krebs vor, stärkt Magen, löst Stagnation, fördert Gewichtsabnahme, hilft bei Appetitlosigkeit, Blähungen, Bluthochdruck, Depressionen, Diabetes, Durchfall.

Anzahl Portionen: 5
Kalorien p. Portion 48
Gramm p. Portion 240,6
Kochdauer ca. 2-3 Stunden
Allergene: L
(Kohlehydrat:71,3% / Eiweiß & Fett:28,7%)
100g.≈ Eiweiß 1,57g. Fett:1,31g.
µg. - Ph:4,86 Na:3,67 Ka:25,68 Mg:1,8 Ca:6,32 Fe:0,1 Zn:0,01 Col.:0 Hsr.:2,78

Zutaten:
Olivenöl 1 EL / 4g. (ja)
Zwiebel weiss 1 Stück / 60g. (ja)
Karotte (Mohrrübe, Möhre) 3 Stück / 200g. (ja)
Pastinake 150 g. / 150g. (ja)
Sellerie Knolle 1 Tasse / 100g. (ja)
Ingwer frisch 1/2 TL / 2g. (ja)
Zitrone 1/2 Stück / 25g. (ja)
Wacholderbeere 6 Stück / 6g. (empfehlenswert)
Thymian getrocknet 1 Prise / 1g. (ja)
Liebstöckel 1 EL / 3g. (ja)
Lorbeerblatt 2 Blätter / 1g. (ja)
Salz 1 Prise / 1g. (wenig)
Wasser 3/4 Liter / 650g. (ja)

Kochanleitung:
Gemüse würfelig schneiden. Öl in einem Topf erhitzen, die Zwiebel und das Gemüse darin anbraten, Ingwer und Lorbeer zugeben. Mit kaltem Wasser aufgießen, Zitronensaft zufügen und mit Wacholder, Thymian und Liebstöckel würzen. 2-3 Std. auf kleiner Stufe zugedeckt köcheln lassen. Brühe durch ein Sieb streichen und im Kühlschrank aufbewahren. Sie dient als Suppengrundlage und verfeinert Gemüse, Hülsenfrüchte oder Getreide.

3.36 Grundrezept für eine Reissuppe (Congee)

Niedriger Fettgehalt, zur Entwässerung des Körpers bei Übergewicht und Bluthochdruck.
Anzahl Portionen: 3
Kalorien p. Portion 140
Gramm p. Portion 273,33
Kochdauer ca. 2-4 Stunden
(Kohlehydrat:89,71% / Eiweiß & Fett:10,29%)
100g.≈ Eiweiß 2,96g. Fett:0,48g.
µg. - Ph:5,85 Na:0,58 Ka:5,02 Mg:3,41 Ca:1,72 Fe:0,03 Zn:0,02 Col.:0 Hsr.:6,34

Zutaten:
Reis Sorte beliebig 1 Tasse / 120g. (wenig)
Wasser 6 Tassen / 700g. (ja)

Kochanleitung:
Man kocht Reis und Wasser in einem Verhältnis von etwa 1:6. Die Menge des Wassers bestimmt die Dicke des Breis (reine Geschmackssache). Der Reis quillt unwahrscheinlich auf, nehmen Sie also nicht viel. Geben Sie den Reis in einen Topf mit einem schweren Deckel. Wichtig ist, den Reis nach kurzem Aufkochen nur auf kleinster Stufe köcheln zu lassen, da er sonst anbrennt. Kochen Sie den Reis 2-4 Stunden. Je länger er kocht, desto stärkender wirkt er. Wenn Sie das Gericht zum Frühstück essen möchten, können Sie den Reis auch kurz vor dem Zubettgehen aufsetzen. Sicherheitshalber sollten Sie vorher einmal unter Beobachtung für eine ähnlich lange Zeit das Verhalten Ihres Topfes und Herdes prüfen, damit nichts anbrennt.

3.37 Haferflocken mit aromatischen Gewürzen

Stoppt Durchfall, fördert Verdauung, Appetit anregend, harmonisiert
Magen, lindert Durchfall, stärkt Abwehrkraft, wirkt entgiftend und
stimuliert das Immunsystem. Alginsäure kann zur Entgiftung des
Darmes beitragen.

Anzahl Portionen: 3
Kalorien p. Portion 281
Gramm p. Portion 208
Kochdauer ca. 25 min.
Allergene: AH
(Kohlehydrat:69,06% / Eiweiß & Fett:30,94%)
100g.≈ Eiweiß 6,74g. Fett:10,73g.
µg. - Ph:33,91 Na:2,34 Ka:51,76 Mg:12,79 Ca:8,03 Fe:0,44 Zn:0,11 Col.:0 Hsr.:12,35

Zutaten:
Hafer Flocken (Vollkorn) 1 Tasse / 125g. (empfehlenswert)
Walnüsse 1 EL / 15g. (ja)
Haselnüsse 1 EL / 15g. (ja)
Wasser 2 Tassen / 240g. (ja)
Wakame 2 cm. / 2g. (ja)
Apfel (süß) 1 Stück / 220g. (wenig)
Kardamom 3-4 Kapseln / 2g. (ja)
Zitronenmelisse (frisch) 3-4 Blätter / 3g. (ja)
Acerola Fruchtnektar oder Pulver 1 TL / 2g. (wenig)

Kochanleitung:
Haferflocken und Nüsse rösten und mit heißem Wasser aufgießen.
Kardamom und Wakame 20 Min. darin kochen. Geriebenen Apfel,
Acerola und Zitronenmelisse zugeben.

3.38 Heidelbeermus

Heidelbeeren wirken abführend, Nelken lösen Stagnation, Zimtpulver
erwärmt Magen und Milz. Baut Blut auf, fördert Durchblutung und
Leitbahnfluss.

Anzahl Portionen: 1
Kalorien p. Portion 11
Gramm p. Portion 271,1
Kochdauer ca. 10 Min.
(Kohlehydrat:78,35% / Eiweiß & Fett:21,65%)
100g.≈ Eiweiß 0,2g. Fett:0,32g.
µg. - Ph:0,98 Na:1,01 Ka:5,56 Mg:1,09 Ca:6 Fe:0,06 Zn:0,1 Col.:0 Hsr.:1,48

Zutaten:
Heidelbeere 20 g. / 20g. (ja)
Zimtpulver 1 Prise / 0,1g. (ja)
Nelke 1 Stück / 1g. (ja)
Wasser 1/4 Liter / 250g. (ja)

Kochanleitung:
Heidelbeeren mit Zimt und Nelke im Wasser 10 Min. kochen. Zimt und
Nelke entfernen, pürieren und nach Wunsch süßen.

3.39 Heidelbeer-Quark mit Acaipulver

Hilft bei Körperschwäche, Magendruck, Aufstoßen, Diabetes, akuter
oder chronischer Verstopfung und Hautproblemen. Abführend, baut Blut
auf, antibakteriell, antioxidativ.
Anzahl Portionen: 2
Kalorien p. Portion 237
Gramm p. Portion 242
Kochdauer ca. 10 Min.
Allergene: GH
(Kohlehydrat:32% / Eiweiß & Fett:68%)
100g.≈ Eiweiß 14,74g. Fett:27,03g.
µg. - Ph:25,9 Na:5,29 Ka:26,12 Mg:2,29 Ca:18,01 Fe:0,1 Zn:0,08 Col.:2,07 Hsr.:2,23

Zutaten:
Heidelbeere 200 g / 200g. (ja)
Orangensaft 2 EL / 10g. (wenig)
Ahornsirup 1 EL / 5g. (wenig)
Mandeln 1 EL / 5g. (ja)
Topfen (Quark) 20% 250 g. / 250g. (ja)
Zucker Ursüße (Zuckerrohr) süß 1 EL / 9g. (wenig)
Acaipulver 2 TL / 5g. ()
Zimtpulver 1 Prise / 0,5g. (ja)

Kochanleitung:
Die Heidelbeeren in einem Sieb abbrausen und vorsichtig trocken
tupfen. Mit Orangensaft und Ahornsirup beträufeln und das Acaipulver
unterrühren. Die Mandelstifte in einer Pfanne ohne Fett goldbraun
rösten, bis sie duften und auf einem Teller abkühlen lassen. Mit etwas
Zimt bestäuben. Quark und Zucker glatt rühren. Abwechselnd mit den
marinierten Heidelbeeren in Gläser schichten und mit den
Mandelsplittern garnieren.

3.40 Heilbutt mit Tomaten-Knoblauch-Soße

Fördert Verdauung, hilft Fett zu verdauen, harntreibend, senkt Blutdruck, liefert wertvolle Omega-3 Fettsäuren. Gut bei Rheuma, Blähungen, Blasenschwäche, Blutarmut, Bluthochdruck, Depressionen, Diabetes, Durchfall.

Anzahl Portionen: 5
Kalorien p. Portion 319
Gramm p. Portion 297,6
Kochdauer ca. 45 Min.
Allergene: D
(Kohlehydrat:35,73% / Eiweiß & Fett:64,27%)
100g.≈ Eiweiß 34,97g. Fett:9,44g.
µg. - Ph:24,12 Na:43,88 Ka:35,39 Mg:5,15 Ca:4,4 Fe:0,11 Zn:0,01 Col.:0,82 Hsr.:23,91

Zutaten:
Reis Sorte beliebig 1 Tasse / 120g. (wenig)
Wasser 6 Tassen / 240g. (ja)
Salz 1 Prise / 1g. (wenig)
Heilbutt 1 Kg / 800g. (ja)
Salz 1 Prise / 1g. (wenig)
Pfeffer gemahlen 1 Prise / 0,5g. ()
Zitrone Saft 1 Spritzer / 2g. (ja)
Lorbeerblatt 2 Stück / 2g. (ja)
Zitrone 1 Stück / 30g. (ja)
Knoblauch 8 Stück / 10g. (ja)
Thymian getrocknet 1 EL / 5g. (ja)
Oliven 75 g. / 75g. (ja)
Tomate 4 Stück / 200g. (ja)
Salz 1 Prise / 1g. (wenig)
Pfeffer gemahlen 1 Prise / 0,5g. ()

Kochanleitung:
Reis im Salzwasser gar kochen. Den Fisch unter fließend kaltem Wasser abspülen, mit Küchenkrepp abtupfen und mit Salz, Pfeffer und Zitronensaft einreiben. Die Fischfilets in eine Auflaufform legen und mit Stücken der Lorbeerblätter belegen Die Zitrone heiß abwaschen und in Spalten schneiden, den Knoblauch schälen und halbieren. Die Oliven darauf verteilen und mit Thymian bestreuen. Die Tomaten mit heißem Wasser überbrühen, häuten und grob würfeln. Alle Zutaten mischen, mit Salz und Pfeffer würzen und um den Fisch herum verteilen. Alles bei 200 Grad (Umluft 180, Gas Stufe 3) ca. 20 Min. garen. Mit dem Reis anrichten. Zu diesem wohlschmeckenden Fischgericht passt ein gemischter Salat.

3.41 Heißes Wasser mit Traubensaft

Beruhigt Magen, stärkt Sehnen und Knochen, harntreibend, fördert Verdauung.

Anzahl Portionen: 1
Kalorien p. Portion 87
Gramm p. Portion 180
Kochdauer ca. 5 min.
(Kohlehydrat:94% / Eiweiß & Fett:6%)
100g.≈ Eiweiß 0,84g. Fett:0,36g.
µg. - Ph:14 Na:1,67 Ka:108,67 Mg:6,33 Ca:13,67 Fe:0,33 Zn:0,1 Col.:0 Hsr.:14

Zutaten:
Traubensaft rot 1 Tasse / 120g. (ja)
Wasser 1/2 Tasse / 60g. (ja)

Kochanleitung:
Wasser aufkochen und zum Traubensaft geben.

3.42 Herzhaftes Winterfrühstück

Stärkt die Abwehrkräfte und erwärmt, beruhigt Nerven und Magen, fördert Verdauung, entgiftet, stärkt Säfteproduktion, treibt Schweiß, reduziert Blutfett, regt an, löst Stagnation.

Anzahl Portionen: 1
Kalorien p. Portion 678
Gramm p. Portion 235
Kochdauer ca. 20 min.
Allergene: ACEG
(Kohlehydrat:60% / Eiweiß & Fett:40%)
100g.≈ Eiweiß 28,35g. Fett:27,05g.
µg. - Ph:238,14 Na:114,37 Ka:245,93 Mg:71,98 Ca:61,45 Fe:3,58 Zn:2,63 Col.:108 Hsr.:79,81

Zutaten:
Hafer Schrot 1 Tasse / 120g. (empfehlenswert)
Ingwer frisch 1/2 TL / 1g. (ja)
Salz 1 Prise / 1g. (wenig)
Zwiebel Frühlingszwiebel 2 Stück / 40g. (ja)
Huhn Ei 1 Stück / 55g. (wenig)
Butter Bio 1 EL / 15g. (wenig)
Sojasauce 1 Schuss / 3g. (ja)

Kochanleitung:
Haferschrot über Nacht einweichen. Am Morgen mit etwas Ingwer, Salz und einer Frühlingszwiebel oder Lauch aufkochen und dann quellen lassen, bis der Brei weich ist. Vor dem Servieren ein ganzes Ei

untermengen, Butter zugeben und nach Geschmack mit etwas Sojasoße würzen. Empfehlung: besonders geeignet für die kalte Jahreszeit

3.43 Hirse mit Birnen

Erfrischend und nährend, fördert Verdauung, harntreibend, stillt Husten, treibt Schweiß, senkt Blutfett, regt an, löst Stagnation, baut Leber auf, stärkt Muskeln, befeuchtet Darm, senkt Cholesterinspiegel, antiparasitär.

Anzahl Portionen: 5
Kalorien p. Portion 213
Gramm p. Portion 238,4
Kochdauer ca. 35 Min.
Allergene: G
(Kohlehydrat:85,54% / Eiweiß & Fett:14,46%)
100g.≈ Eiweiß 3,91g. Fett:3,24g.
µg. - Ph:9,48 Na:0,56 Ka:21,43 Mg:4,96 Ca:2,64 Fe:0,24 Zn:0,02 Col.:0 Hsr.:3,84

Zutaten:
Hirse 1 Tasse / 120g. (empfehlenswert)
Wasser 2 Tassen / 200g. (ja)
Traubensaft rot 2 Tassen / 240g. (ja)
Birne 4 Stück / 600g. (ja)
Ingwer frisch 1/2 TL / 2g. (ja)
Salz 1 Prise / 1g. (wenig)
Acerola Fruchtnektar oder Pulver 1 TL / 2g. (wenig)
Kakao 1 Prise / 1g. (ja)
Sonnenblumenkerne 2 EL / 4g. (empfehlenswert)
Gerstenmalz 1/2 TL / 2g. (ja)
Sahne, süß 30% 2 TL / 20g. (wenig)

Kochanleitung:
Hirse in heißem Wasser aufsetzen und gar kochen. Danach: Traubensaft im Topf erwärmen und kleingeschnittene Birnen, sehr wenig geriebenen Ingwer, eine kleine Prise Salz, Acerola und eine Prise Kakao dazugeben und kurz andünsten. Die gekochte Hirse, Sonnenblumenkerne, etwas Gerstenmalz nach Belieben, 1 TL Sahne pro Portion oder etwas Butter untermengen und erhitzen.

3.44 Hüttenkäse mit gedünstetem Obst

Gut bei Appetitlosigkeit, Schluckstörungen, schwacher Verdauung, harntreibend.

Anzahl Portionen: 2
Kalorien p. Portion 215
Gramm p. Portion 250
Kochdauer ca. 20 Min.
Allergene: G
(Kohlehydrat:40,48% / Eiweiß & Fett:59,52%)
100g.≈ Eiweiß 18,45g. Fett:6,4g.
µg. - Ph:44,6 Na:114,5 Ka:50,9 Mg:3,7 Ca:25,6 Fe:0,11 Zn:0,09 Col.:0,64 Hsr.:3

Zutaten:
Hüttenkäse 300 g. / 300g. (ja)
Apfel (sauer) 1 Stück / 100g. (wenig)
Birne 1 Stück / 100g. (ja)

Kochanleitung:
Äpfel und Birnen gut waschen, mit Schale klein schneiden und in einem Topf mit Dämpfsieb bissfest garen. Herausnehmen und auskühlen lassen. Hüttenkäse anrichten und Obst darauf verteilen.

3.45 Kalte Kirschsuppe mit Quarkklößchen

Fördert die Durchblutung, lindert Entzündungen, abführend, stärkende Wirkung auf die Verdauung, reinigt und beruhigt den Darm. Gut bei Magendruck, Aufstoßen, akute oder chronische Verstopfung.

Anzahl Portionen: 2
Kalorien p. Portion 320
Gramm p. Portion 314,5
Kochdauer ca. 2 Stunden
Allergene: GO
(Kohlehydrat:69,75% / Eiweiß & Fett:30,25%)
100g.≈ Eiweiß 7,98g. Fett:15,19g.
µg. - Ph:24,08 Na:6,18 Ka:60,77 Mg:5,2 Ca:21,84 Fe:0,17 Zn:0,05 Col.:1,47 Hsr.:4,76

Zutaten:
Kirschenkompott 450 g. / 450g. (ja)
Agar-Agar, Agartang 1/2 TL / 1,5g. (ja)
Topfen (Quark) 20% 100 g. / 100g. (ja)
Sauerrahm 15% Fett 50 g. / 50g. (ja)
Vanillezucker natur 1 Paket / 1g. (wenig)
Zucker braun 1 EL / 10g. (wenig)
Zimtpulver 1 Prise / 0,5g. (ja)
Zitrone Schale 1 Prise / 1g. (ja)
Wasser 2 EL / 15g. (ja)

Kochanleitung:
Kirschkompott abseihen. Die Hälfte der Kirschen und den Kirschsaft mit dem Mixer fein pürieren und durch ein Sieb streichen. Das Agar-Agar-Pulver mit 2 EL kalten Wasser glatt rühren und das Kirschpüree unter Rühren zum Kochen bringen. Agar-Agar-Lösung untermischen und das Kirschpüree 1 Min. unter Rühren leicht kochen lassen. Heißes Kirschpüree auf zwei Suppenteller verteilen und die restlichen Kirschen in die Suppe geben. Kirschsuppe 2 Std. kalt stellen, bis sie leicht geliert. Mit dem Handmixer Quark, Sauerrahm, Zucker, Vanillezucker, Zimt und Zitronenschale zu einer glatten, festen Creme rühren. Aus der Creme mit dem Esslöffel kleine Klößchen stechen und in die Kirschsuppe setzen.

3.46 Karottendrink

Stärkt Milz und Leber, senkt Blutdruck, bakterizid, stärkt Immunsystem, beugt Krebs vor, reduziert Strahlenverletzungen, harntreibend, aufbauend, augenstärkend, entgiftend, gewebe- und nervenstärkend.
Anzahl Portionen: 1
Kalorien p. Portion 143
Gramm p. Portion 265
Kochdauer ca. 15 Min.
Allergene: H
(Kohlehydrat:81% / Eiweiß & Fett:19%)
100g.≈ Eiweiß 3,78g. Fett:2,5g.
µg. - Ph:43,4 Na:22,3 Ka:117,79 Mg:18,2 Ca:36,26 Fe:1,83 Zn:0,55 Col.:0 Hsr.:17,98

Zutaten:
Hirseflocken 1 EL / 10g. (empfehlenswert)
Karotte (Mohrrübe, Möhre) 400 g. / 200g. (ja)
Mandelmus 1 TL / 3g. (wenig)
Honig 1/2 TL / 2g. (wenig)
Wasser 50 ml. / 50g. (ja)

Kochanleitung:
Hirseflocken mit 50 ml kaltem Wasser übergießen und 10 Min. quellen lassen. Die frischen Karotten entsaften oder 200 ml Karottensaft verwenden. Hirseflocken, Karottensaft, Mandelmus und Honig mit dem Mixer fein pürieren.

3.47 Karotten-Hirse-Auflauf mit Apfelkompott

Stärkt Milz und Leber, senkt Blutdruck, bakterizid, stärkt Immunsystem, beugt Krebs vor, reduziert Strahlenverletzungen, beruhigt Nerven und Magen, harntreibend. Gut bei chronischer Verstopfung.

Anzahl Portionen: 7
Kalorien p. Portion 349
Gramm p. Portion 347,86
Kochdauer ca. 1 Stunde
Allergene: CGH
(Kohlehydrat:64% / Eiweiß & Fett:36%)
100g.≈ Eiweiß 12,54g. Fett:12,54g.
µg. - Ph:1,79 Na:0,66 Ka:2,7 Mg:0,54 Ca:1,07 Fe:0,03 Zn:0,01 Col.:0,83 Hsr.:0,28

Zutaten:
Hirse 200 g / 200g. (empfehlenswert)
Kuhmilch (Vollmilch 3,5 % Fett) 500 ml / 450g. (ja)
Zitrone Schale 1/2 Stück / 2g. (ja)
Zucker braun 2 EL / 20g. (wenig)
Karotte (Mohrrübe, Möhre) 400 g. / 400g. (ja)
Ingwer frisch 2 TL / 6g. (ja)
Acerola Fruchtnektar oder Pulver 1 TL / 2g. (wenig)
Mandelmus 50 g. / 50g. (wenig)
Huhn Ei 4 Stück / 240g. (wenig)
Joghurt (natur, 1,5 % Fett) 150 g. / 150g. (ja)
Butter Bio 1 TL / 4g. (wenig)
Apfel (sauer) 4 Stück / 600g. (wenig)
Wasser 300 ml. / 300g. (ja)
Nelke 2 Stück / 1g. (ja)
Zucker braun 1 EL / 10g. (wenig)

Kochanleitung:
Backofen auf 100 Grad (Umluft 8o Grad, Gas Stufe 2) vorheizen. Die Hirse mit Milch, Zitronenschale und Zucker zum Kochen bringen. Zugedeckt 5 Min. leicht köcheln lassen und dann zugedeckt im vorgeheizten Ofen 20 Min. ausquellen lassen. Ofen auf mittlere Hitze schalten. Äpfel schälen und in kleine Stücke schneiden und mit Wasser, Nelken und Zucker etwa 5 Min. kochen. In einer Schüssel die Hirse mit den geriebenen Karotten, dem feingehackten Ingwer und Acerola vermischen. Mandelmus (oder Butter) mit dem Handrührgerät verrühren. Eigelb dazugeben und alles zu einer glatten Creme rühren. Sauerrahm, Hirse und Karotten untermischen. Eiweiß sehr steif schlagen und unter die Hirsemasse heben. Eine Auflaufform mit Butter ausstreichen, die Hirsemasse einfüllen und im vorgeheizten Ofen bei milder Hitze 45 Min. backen. Mit dem Apfelkompott servieren.

3.48 Karotten-Kartoffel-Rucola Brötchen

Lindert Entzündungen, verbessert Verdauung, harntreibend, senkt Cholesterinspiegel, stärkt Immunsystem, beugt Krebs vor, löst Verstopfung (ballaststoffreich), löst Stagnation.

Anzahl Portionen: 4
Kalorien p. Portion 94
Gramm p. Portion 116,25
Kochdauer ca. 20 Min.
Allergene: AG
(Kohlehydrat:55% / Eiweiß & Fett:45%)
100g.≈ Eiweiß 2,68g. Fett:2,83g.
µg. - Ph:4,15 Na:4,56 Ka:16,7 Mg:1,23 Ca:1,78 Fe:0,06 Zn:0,03 Col.:0,25 Hsr.:1,27

Zutaten:
Kartoffel (mehlige) 200 g / 200g. (ja)
Karotte (Mohrrübe, Möhre) 1 Stück / 50g. (ja)
Sauerrahm 15% Fett 3 EL / 45g. (ja)
Zwiebel Frühlingszwiebel 1 Stück / 20g. (ja)
Rucola Rauke 1/2 Bund / 100g. ()
Zitrone Schale 1/4 TL / 1g. (ja)
Salz 1 Prise / 1g. (wenig)
Pfeffer gemahlen 1 Prise / 0,2g. ()
Vollkornbrot 8 Scheiben / 48g. (empfehlenswert)

Kochanleitung:
Kartoffeln in der Schale weich kochen, abziehen und durch die Kartoffelpresse drücken. Gemüsebrühe nach Grundrezept kochen und eine Karotte nach kurzer Garzeit herausnehmen und mit der Gabel fein zerdrücken. Kartoffeln, Karotten, abgeriebene Zitronenschale und Sauerrahm zu einer glatten Creme verrühren. Karotten-Kartoffel-Creme mit fein geschnittenem Rucola verrühren. Den Aufstrich mit Salz und Pfeffer abschmecken und die Brote bestreichen. Mit den fein geschnittenen Jungzwiebeln bestreuen.

3.49 Kartoffel-Basilikumsuppe

Lindert Entzündungen, fördert Verdauung, harntreibend, senkt Cholesterinspiegel und Blutdruck, bakterizid, stärkt Immunsystem, beugt Krebs vor, reduziert Strahlenverletzungen, antioxidativ, löst Stagnation.

Anzahl Portionen: 4
Kalorien p. Portion 96
Gramm p. Portion 330,12
Kochdauer ca. 25 min.
Allergene: L

(Kohlehydrat:68,68% / Eiweiß & Fett:31,32%)
100g.≈ Eiweiß 3,24g. Fett:2,99g.
µg. - Ph:7,65 Na:13,39 Ka:52,12 Mg:2,43 Ca:11,65 Fe:0,11 Zn:0,01 Col.:0 Hsr.:7,59

Zutaten:
Wasser 500 ml / 450g. (ja)
Kartoffel 4 Stück / 200g. (ja)
Karotte (Mohrrübe, Möhre) 2 Stück / 100g. (ja)
Sellerie Knolle 1 Stück / 500g. (ja)
Pfeffer gemahlen 1 Prise / 0,5g. ()
Kümmel 1 Prise / 1g. (ja)
Knoblauch 1 Zehe / 3g. (ja)
Salz 1 Prise / 1g. (wenig)
Zitrone 1 TL / 3g. (ja)
Basilikum (frisch) 1 Bund / 50g. (ja)
Paprika (Rosenpaprikapulver) 1 Prise / 1g. (ja)
Zucker Ursüße (Zuckerrohr) süß 1 Prise / 1g. (wenig)
Olivenöl 1 EL / 10g. (ja)

Kochanleitung:
4 mittelgroße Kartoffeln, 2 mittelgroße Karotten und 1 Stück
Knollensellerie geschält und kleingeschnitten in heißes Wasser geben
und zusammen mit einer Prise Pfeffer und Salz, einer Prise
gemahlenem Kümmel, einer kleinen zerdrückten Knoblauchzehe und 1
TL Zitronensaft köcheln, bis das Gemüse weich ist. Von 1 Bund
Basilikum (fein gehackt) eine Hälfte in die Suppe geben und alles
pürieren. Die andere Hälfte anschließend unterrühren und mit
Rosenpaprika, einer Prise Vollrohrzucker, 1 EL Olivenöl oder Butter,
frisch gemahlenem Pfeffer und Salz abschmecken.

3.50 Kartoffelcreme mit Kräuter-Frischkäse

Gut bei Appetitlosigkeit, Schluckstörungen, Verstopfung, Blähungen
und Übelkeit. Verbessert Verdauung, harntreibend, beugt Krebs vor,
stärkt Magensaftproduktion, löst Stagnation, entkrampft und beruhigt.
Anzahl Portionen: 2
Kalorien p. Portion 217
Gramm p. Portion 218,5
Kochdauer ca. 25 Min.
Allergene: G
(Kohlehydrat:14% / Eiweiß & Fett:86%)
100g.≈ Eiweiß 8,76g. Fett:11,22g.
µg. - Ph:18,66 Na:18,04 Ka:73,64 Mg:4,87 Ca:13,9 Fe:0,13 Zn:0,09 Col.:4,84 Hsr.:2,24

Zutaten:
Kartoffel (mehlige) 250 g. / 250g. (ja)
Frischkäse 80 g. / 80g. (ja)
Joghurt (natur, 1,5 % Fett) 3 EL / 45g. (ja)
Lauchzwiebel Schnittlauch 1/2 Bund / 50g. (ja)
Basilikum (frisch) 1 TL / 4g. (ja)
Petersilie 1 TL / 4g. (ja)
Dill 1/2 TL / 2g. (ja)
Salz 1 Prise / 1g. (wenig)
Schwarzkümmel 1 Prise / 0,5g. (ja)
Pfeffer gemahlen 1 Prise / 0,5g. ()

Kochanleitung:
Kartoffeln in der Schale weich kochen, abziehen und durch die
Kartoffelpresse drücken. Frischkäse, Joghurt und Kräuter unter die
Kartoffeln mischen und mit Salz, zerstoßenem Schwarzkümmel und
Pfeffer abschmecken.

3.51 Kartoffeltaschen mit Wildkräutern an Tomatensoße

Stärkt Milz, lindert Entzündungen, verbessert Verdauung, löst
Stagnation, entschlackend, reinigt die Nieren, unterstützend bei
Prostatabeschwerden. Gut bei Appetitlosigkeit, Blähungen,
Darmentzündung. Regt Leberfunktion an, harntreibend.
Anzahl Portionen: 5
Kalorien p. Portion 418
Gramm p. Portion   346,14
Kochdauer ca.   45 Min.
Allergene: ACG
(Kohlehydrat:62,47% / Eiweiß & Fett:37,53%)
100g.≈ Eiweiß 16,88g. Fett:16,11g.
µg. - Ph:22,3 Na:7,21 Ka:58,22 Mg:4,83 Ca:20,61 Fe:0,19 Zn:0,03 Col.:0,78 Hsr.:11,88

Zutaten:
Olivenöl 1 EL / 10g. (ja)
Zwiebel weiss 1 Stück / 50g. (ja)
Knoblauch 1 Stück / 2g. (ja)
Tomatenpüre 400 g. / 400g. (ja)
Salz 1 Prise / 1g. (wenig)
Pfeffer gemahlen 1 Prise / 0,5g. ()
Sahne, süß 30% 1 EL / 10g. (wenig)
Kartoffel 650 g. / 650g. (ja)

Weizen Mehl 200 g / 200g. (ja)
Huhn Ei 1 Stück / 60g. (wenig)
Salz 1 Prise / 1g. (wenig)
Pfeffer gemahlen 1 Prise / 0,5g. ()
Muskatnuss 1 Prise / 0,2g. (ja)
Brennnessel 50 g. / 50g. (ja)
Löwenzahn (junger) 30 g. / 30g. (ja)
Schafgarbe 30 g. / 30g. (ja)
Kerbel getrocknet 10 g. / 10g. (ja)
Spitzwegerichtee 10 g. / 10g. (ja)
Petersilie 50 g. / 50g. (ja)
Olivenöl 1 EL / 10g. (ja)
Knoblauch 1 Stück / 2g. (ja)
Topfen (Quark) 20% 4 EL / 40g. (ja)
Mayonnaise 50% 1 EL / 10g. (wenig)
Salz Kräutersalz 1/2 TL / 2g. (wenig)
Schwarzkümmel 1 Prise / 1g. (ja)
Pfeffer gemahlen 1 Prise / 0,5g. ()
Emmentaler 10 dag. / 100g. (wenig)

Kochanleitung:
Tomatensoße: Öl erhitzen und in Würfel geschnittene Zwiebel mit dem
zerdrückten Knoblauch darin andünsten. Tomatenpüree zu den
Zwiebeln geben, 2 Min. unter Rühren eindicken lassen, mit Salz und
Pfeffer würzen, die Sahne zufügen und in eine feuerfeste Form füllen.
Kartoffelteig: Festkochende Kartoffeln gar kochen, schälen und
durchpressen. In einer Schüssel mit Mehl, Parmesan, Ei und Gewürzen
vermengen. Den Teig auf einer leicht bemehlten Arbeitsfläche ausrollen
und in 5 cm große Vierecke schneiden.
Kräuterfüllung: Kräuter hacken und mit Öl, Knoblauch, Quark,
Mayonnaise, Kräutersalz, zerstoßenem Schwarzkümmel und Pfeffer zu
einer cremigen Masse vermischen. Mit einem Löffel jeweils etwas von
der Füllung auf die Teigvierecke geben, zu einem Dreieck
zusammenklappen, Ränder festdrücken und die Taschen in reichlich
Salzwasser gar ziehen lassen, bis sie oben schwimmen. Auf die
Tomaten geben, mit dem geriebenen Käse bestreuen und im Ofen
goldbraun überbacken.

3.52 Kompott aus Zwetschgen

Krebsvorbeugende Wirkung, entwässert, regt die Verdauung an und bindet Fette im Darm.

Anzahl Portionen: 2
Kalorien p. Portion 23
Gramm p. Portion 170,5
Kochdauer ca. 10 Min.
(Kohlehydrat:93,33% / Eiweiß & Fett:6,67%)
100g.≈ Eiweiß 0,32g. Fett:0,07g.
µg. - Ph:3,46 Na:0,68 Ka:35,88 Mg:1,61 Ca:5,39 Fe:0,07 Zn:0,03 Col.:0 Hsr.:2,93

Zutaten:
Zwetschken 100 g. / 100g. (empfehlenswert)
Wasser 2 Tassen / 240g. (ja)
Zimtpulver 1 Prise / 1g. (ja)

Kochanleitung:
Zwetschgen im Wasser weich kochen und mit etwas Zimt bestreuen.

3.53 Kürbiscurry

Fördert Verdauung und Schwitzen, löst Stagnation, reduziert Wind, stärkt Lunge und Milz, reduziert Blutzucker, stärkt Magen, Verdauungssystem, Muskeln und Knochen, ist harntreibend und entgiftend.

Anzahl Portionen: 3
Kalorien p. Portion 193
Gramm p. Portion 251
Kochdauer ca. 20 Min.
(Kohlehydrat:63% / Eiweiß & Fett:37%)
100g.≈ Eiweiß 2,72g. Fett:10,61g.
µg. - Ph:5,14 Na:0,86 Ka:16,34 Mg:2,68 Ca:2,29 Fe:0,06 Zn:0,02 Col.:0 Hsr.:1,54

Zutaten:
Kürbis 300 g. / 300g. (ja)
Olivenöl 2 EL / 30g. (ja)
Koriander 1 Prise / 1g. (ja)
Pfeffer gemahlen 1 Prise / 0,5g. ()
Curry 1 Prise / 1g. (ja)
Wasser 50 ml / 50g. (ja)
Salz 1 Prise / 1g. (wenig)
Petersilie 1 EL / 7g. (ja)

Kardamom 1 Prise / 1g. (ja)
Kurkuma (Gelbwurz) 1 Prise / 1g. (ja)
Reis Vollkorn 1/2 Tasse / 60g. (empfehlenswert)
Wasser 3 Tassen / 300g. (ja)
Salz 1 Prise / 1g. (wenig)

Kochanleitung:
Olivenöl in einer Pfanne erhitzen, in Würfel geschnittenen Kürbis darin
andünsten, mit Koriander, Pfeffer und Curry würzen und mit wenig
Wasser ablöschen. Meersalz zufügen, klein geschnittene Petersilie
zugeben und mit Kardamom und Kurkuma abrunden. Auf kleinem
Feuer ca. 10 Min. je nach Kürbisart köcheln; er sollte noch bissfest sein.
Den Reis in gesalzenem Wasser aufkochen und auf kleiner Stufe ca. 15
Min. quellen lassen.

3.54 Kuzuwasser

Enthält viele Vitamine und Mineralstoffe. Zur Stärkung der Darmflora,
besonders nach Antibiotikaeinnahme. Beruhigt die Magenschleimhaut
und schützt den Magen.

Anzahl Portionen: 1
Kalorien p. Portion 7
Gramm p. Portion 122
Kochdauer ca. 5 Min.
(Kohlehydrat:99,17% / Eiweiß & Fett:0,83%)
100g.≈ Eiweiß 0g. Fett:0,01g.
µg. - Ph:0 Na:0,98 Ka:0 Mg:0,98 Ca:4,92 Fe:0,01 Zn:0,1 Col.:0 Hsr.:0

Zutaten:
Kuzu 1/2 TL / 2g. (ja)
Wasser 1 Tasse / 120g. (ja)

Kochanleitung:
Kuzu zerstoßen, mit lauwarmem Wasser aufgießen und kurz ziehen
lassen, bis eine milchige Flüssigkeit entsteht. Dann abseihen.

3.55 Lachs auf Tomaten-Spinat

Nährt und stärkt Blut, fördert Ausscheidung, fördert Durchblutung, stärkt Magen-Darm-Funktion, lindert Entzündungen, regeneriert Haut, harntreibend, senkt Cholesterinspiegel, fördert Schwitzen, löst Stagnation.

Anzahl Portionen: 6
Kalorien p. Portion 365
Gramm p. Portion 354,58
Kochdauer ca. 1 Stunde
Allergene: D
(Kohlehydrat:27,24% / Eiweiß & Fett:72,76%)
100g.≈ Eiweiß 29,54g. Fett:29,9g.
µg. - Ph:19,28 Na:7,43 Ka:53,46 Mg:5,01 Ca:8,25 Fe:0,27 Zn:0,01 Col.:0,28 Hsr.:12,16

Zutaten:
Kartoffel 500 g. / 500g. (ja)
Salz 1 Prise / 1g. (wenig)
Lachs 600 g. / 600g. (ja)
Rapsöl 2 TL / 24g. (ja)
Tomate 100 g. / 100g. (ja)
Spinat 700 g. / 700g. (ja)
Salz 1 Prise / 1g. (wenig)
Pinienkerne 4 EL / 40g. (ja)
Lauch (Porree) 120 g. / 120g. (ja)
Olivenöl 4 EL / 40g. (ja)
Salz 1 Prise / 1g. (wenig)
Pfeffer weiss (gemahlen) 1 Prise / 0,5g. (ja)

Kochanleitung:
Kartoffeln schälen, würfelig schneiden und in Salzwasser gar kochen. Den Lachs in Portionen schneiden und in einer Pfanne von beiden Seiten, leicht mit Salz und Pfeffer gewürzt langsam und gleichmäßig braten, später die Pinienkerne dazugeben und leicht anrösten. Spinat in Salzwasser blanchieren, den klein geschnittenen Lauch mit etwas Rapsöl leicht anschwitzen, den blanchierten Spinat dazugeben und gleichmäßig erwärmen. Kurz vor dem Anrichten die halbierten Cocktailtomaten zum Spinat geben und das Gemüse gut mit Salz und Pfeffer abschmecken. Das Spinat-Lauch-Tomaten-Bett mit den Kartoffeln anrichten, den Lachs dazugeben und die gesalzenen Pinienkerne darauf streuen. Das Gericht mit wenig Olivenöl beträufeln und servieren.

3.56 Lasagne mit Tofucreme

Harmonisiert Milz und Magen, lindert Blähungen, schont die Verdauungsorgane, wirkt bei Appetitlosigkeit, Darmentzündung, Magengeschwür, Rheuma, Sodbrennen, Zwölffingerdarmgeschwür.

Anzahl Portionen: 4
Kalorien p. Portion 301
Gramm p. Portion 231
Kochdauer ca. 45 Min.
Allergene: ACEG
(Kohlehydrat:49,88% / Eiweiß & Fett:50,12%)
100g.≈ Eiweiß 19,3g. Fett:11,86g.
µg. - Ph:35,07 Na:14,02 Ka:27,57 Mg:16,2 Ca:29,05 Fe:0,36 Zn:0,05 Col.:3,83 Hsr.:15,29

Zutaten:

Soja Tofu 400 g. / 400g. (ja)
Huhn Ei 2 Stück / 100g. (wenig)
Zwiebel weiss 2 Stück / 120g. (ja)
Tomate 100 g. / 100g. (ja)
Oregano getrocknet 1 Prise / 1g. (ja)
Majoran 1 Prise / 1g. (ja)
Paprika (Rosenpaprikapulver) 1 Prise / 1g. (ja)
Salz 1 Prise / 1g. (wenig)
Nudeln (Weizen, Lasagneblätter) mit Ei 150 g. / 150g. (wenig)
Edamer 50 g. / 50g. (ja)

Kochanleitung:

Tofucreme: Tofu mit Eiern, Zwiebeln, kleinen Tomaten, Oregano, Majoran, Paprika und etwas Jodsalz mit einer Küchenmaschine mit Messereinsatz oder einem Pürierstab zu einer glatten Masse verarbeiten. Lasagne: In eine Auflaufform (ca. 25 x 15 cm) 1/5 der Tofucreme geben, mit 3 Lasagneblätter abdecken, diesen Vorgang noch 2 x wiederholen und abschließend das letzte Fünftel der Tofucreme über die Teigplatten streichen. Mit etwas geriebenem Edamer bestreuen und im Backofen bei 175 Grad ca. 30 Min. backen.

3.57 Marinierter Kabeljau auf Kürbispüree

Lindert Entzündungen, verbessert Verdauung, stärkt Milz, Lunge, Magen und Nieren, harntreibend, reduziert Blutzucker, löst Stagnation. Gut bei Verstopfung und Blähungen.

Anzahl Portionen: 4
Kalorien p. Portion 202
Gramm p. Portion 288,65
Kochdauer ca. 2 Stunden
Allergene: DG
(Kohlehydrat:49,4% / Eiweiß & Fett:50,6%)
100g.≈ Eiweiß 17,24g. Fett:5,13g.
µg. - Ph:21,61 Na:8,06 Ka:68,86 Mg:5,61 Ca:8,42 Fe:0,1 Zn:0,02 Col.:1,02 Hsr.:10,18

Zutaten:
Kartoffel 6 Stück / 400g. (ja)
Kürbis 200 g / 200g. (ja)
Zwiebel weiss 1 Stück / 50g. (ja)
Oregano getrocknet 1/2 TL / 1g. (ja)
Zitrone Saft 1/2 Stück / 15g. (ja)
Salz 1 Prise / 1g. (wenig)
Pfeffer gemahlen 1 Prise / 0,3g. ()
Creme fraîche 2 EL / 30g. (wenig)
Joghurt (natur, 1,5 % Fett) 150 g. / 150g. (ja)
Oregano getrocknet 1/4 TL / 1g. (ja)
Basilikum (frisch) 1/2 TL / 2g. (ja)
Kabeljau 300 g. / 300g. (ja)
Salz 1 Prise / 1g. (wenig)
Pfeffer gemahlen 1 Prise / 0,3g. ()
Olivenöl 1 TL / 3g. (ja)

Kochanleitung:
Joghurt mit Oregano, Basilikum und Thymian vermischen. Fischfilets abwaschen, trockentupfen, in eine flache Form legen und mit der Marinade übergießen. 2 Std. im Kühlschrank durchziehen lassen. Kartoffeln in Salzwasser weich kochen und schälen. Gewürfelte Zwiebel in Öl glasig dünsten, den kleingewürfelten Kürbis zugeben und ca. 10 Min. braten. Oregano, Zitronensaft, Salz, Pfeffer und die Crème fraîche dazugeben und mit dem Mixstab pürieren. Fischfilets aus der Marinade nehmen, abtropfen lassen, trockentupfen und salzen. Eine beschichtete Grillpfanne mit 2 TL Öl bestreichen und die Fischfilets auf beiden Seiten je 3-4 Min. braten und mit den Kartoffeln auf dem Kürbispüree anrichten.

3.58 Misosuppe mit Tofu

Liefert Vitamine, Mineralien, Enzyme und sekundäre Pflanzenwirkstoffe. Alginsäure entgiftet den Darm, löst Stagnation. Belebt, entgiftet, stärkt das Immunsystem, fördert Verdauung, stärkt Magen, lindert Blähungen.

Anzahl Portionen: 3
Kalorien p. Portion 51
Gramm p. Portion 231,33
Kochdauer ca. 5 min.
Allergene: E
(Kohlehydrat:43,33% / Eiweiß & Fett:56,67%)
100g.≈ Eiweiß 4,44g. Fett:1,66g.
µg. - Ph:11,31 Na:58,1 Ka:19,06 Mg:5,88 Ca:7,16 Fe:0,06 Zn:0,01 Col.:0 Hsr.:3,33

Zutaten:
Wakame 1 Stück / 5g. (ja)
Miso 3-4 EL / 30g. (ja)
Soja Tofu 50 g. / 50g. (ja)
Wasser 1/2 Liter / 500g. (ja)
Sojasauce 1 Schuss / 3g. (ja)
Zwiebel Frühlingszwiebel 1/2 EL / 6g. (ja)

Kochanleitung:
Wasser, Sojakeimlinge, Wakamealge und in Würfel geschnittenen Tofu 5 Min. aufwärmen. Misopaste in Suppenteller geben und langsam mit heißer Suppe übergießen. Mit Tamari abschmecken. Eventuell Frühlingszwiebeln dazugeben.

3.59 Nudel-Auflauf mit Quark und Pfirsichen

Lindert Müdigkeit, entspannt, stärkt die Abwehr, beruhigt Nerven und Magen. Gut bei Aufstoßen, akuter oder chronischer Verstopfung, Blähungen, Sodbrennen.

Anzahl Portionen: 4
Kalorien p. Portion 442
Gramm p. Portion 293,5
Kochdauer ca. 1 Stunde
Allergene: ACGO
(Kohlehydrat:65,89% / Eiweiß & Fett:34,11%)
100g.≈ Eiweiß 17,56g. Fett:19,07g.
µg. - Ph:26,04 Na:6,66 Ka:36,6 Mg:4,79 Ca:10,1 Fe:0,19 Zn:0,04 Col.:3,85 Hsr.:9,81

Zutaten:
Pfirsich 500 g. / 500g. (ja)
Nudeln (Weizen, Bandnudeln) mit Ei 200 g / 200g. (wenig)
Huhn Ei 2 Stück / 120g. (wenig)
Zucker (Staubzucker) 40 g. / 40g. (wenig)

Vanillezucker natur 3 Paket / 3g. (wenig)
Zitrone Schale 1/2 Stück / 2g. (ja)
Zimtpulver 1/4 TL / 1g. (ja)
Topfen (Quark) 20% 250 g. / 250g. (ja)
Butter Bio 2 TL / 8g. (wenig)
Erdbeermarmelade 4 EL / 50g. (wenig)

Kochanleitung:
Ofen auf 180 Grad vorheizen. Pfirsiche kurz in kochendes Wasser
legen, abtropfen lassen und die Haut abziehen. Pfirsiche in kleine
Spalten schneiden. Nudeln in reichlich Salzwasser bissfest kochen,
abgießen, kalt abschrecken und abtropfen lassen. Eier trennen. Eigelb
mit Puderzucker, Vanillezucker, abgeriebener Zitronenschale und Zimt
mit dem Schneebesen schaumig rühren. Quark einrühren und die
Nudeln untermischen. Eiweiß zu festem Schnee schlagen und
vorsichtig unter die Nudelmasse heben. Eine Auflaufform dünn mit
Butter ausstreichen. Abwechselnd Quark-Nudelmasse und
Pfirsichspalten in die Form schichten und mit der Nudelmasse
abschließen. Den Auflauf mit Butterflöckchen bestreuen und im
vorgeheizten Ofen 30 Min. backen. Portionsweise mit einem Esslöffel
Marmelade anrichten.

3.60 Obstsaftgetränk

Stoppt Durchfall, fördert Verdauung, appetitanregend, harmonisiert
Magen, lindert Schmerzen, entgiftet, bakterizid, senkt Blutdruck, stärkt
Immunsystem, beugt Krebs vor, reduziert Strahlenverletzungen.
Anzahl Portionen: 2
Kalorien p. Portion 175
Gramm p. Portion 305
Kochdauer ca. 10 Min.
(Kohlehydrat:93% / Eiweiß & Fett:7%)
100g.≈ Eiweiß 1,89g. Fett:0,9g.
µg. - Ph:4,99 Na:2,24 Ka:37,45 Mg:2,36 Ca:6,04 Fe:0,21 Zn:0,05 Col.:0 Hsr.:4,3

Zutaten:
Orange 2 Stück / 150g. (ja)
Apfel (süß) 4 Stück / 300g. (wenig)
Karotte (Mohrrübe, Möhre) 2 Stück / 150g. (ja)
Honig 1 EL / 10g. (wenig)

Kochanleitung:
Orangen und Karotten schälen, alle Zutaten würfelig schneiden, damit
sie in die Saftpresse passen und entsaften, mit Honig süßen.

3.61 Ofenkartoffeln mit Sellerie-Quark

Stärkt Milz, lindert Entzündungen, verbessert Verdauung, regeneriert die Haut, harntreibend, senkt Cholesterinspiegel.

Anzahl Portionen: 2
Kalorien p. Portion 304
Gramm p. Portion 398
Kochdauer ca. 30 Min.
Allergene: GL
(Kohlehydrat:52% / Eiweiß & Fett:48%)
100g.≈ Eiweiß 15,61g. Fett:24,04g.
µg. - Ph:19,06 Na:6,87 Ka:59,91 Mg:7,16 Ca:24,85 Fe:0,1 Zn:0,08 Col.:1,01 Hsr.:3,76

Zutaten:
Sellerie Knolle 80 g. / 80g. (ja)
Grundrezept für eine Gemüsebrühe nahrhaft 100 ml. / 100g. (ja)
Kümmel gemahlen 1 Prise / 0,2g. (ja)
Zitrone Schale 1/2 TL / 1g. (ja)
Salz 1 Prise / 1g. (wenig)
Pfeffer gemahlen 1 Prise / 0,2g. ()
Zitrone Saft 1 TL / 3g. (ja)
Topfen (Quark) 20% 200 g. / 200g. (ja)
Creme fraîche 1/2 EL / 5g. (wenig)
Kartoffel 6 Stück / 400g. (ja)
Olivenöl 2 TL / 5g. (ja)
Salz 1 Prise / 1g. (wenig)

Kochanleitung:
Sellerie-Quark: Sellerie in Gemüsebrühe (nach Grundrezept) mit Kümmel und Zitronenschale zum Kochen bringen und zugedeckt ca. 8 Min. köcheln lassen, bis er weich und die Gemüsebrühe fast verdampft ist. Dann alles mit Zitronensaft mit dem Mixstab fein pürieren, mit dem Quark glatt rühren und mit Salz und Pfeffer abschmecken.
Ofenkartoffel: Den Ofen auf 200 Grad vorheizen. Kartoffeln gut abbürsten, längs halbieren und mit der Schnittfläche nach oben nebeneinander auf ein Backblech setzen. Schnittflächen leicht salzen, mit Öl beträufeln und im Ofen ca. 25 Min. backen. Sellerie-Quark zu den Kartoffeln reichen.

3.62 Olivenöl mit Zitronensaft

Bei akuter Verstopfung.
Anzahl Portionen: 1
Kalorien p. Portion 93
Gramm p. Portion 14
Kochdauer ca. 1 min.
Allergene:
(Kohlehydrat:8% / Eiweiß & Fett:92%)
100g.≈ Eiweiß 0,02g. Fett:9,97g.
µg. - Ph:4,71 Na:1,29 Ka:31,71 Mg:6,86 Ca:3,57 Fe:0,14 Zn:0,07 Col.:0,71 Hsr.:5,71

Zutaten:
Olivenöl 1 EL / 10g. (ja)
Zitrone Saft 1 TL / 4g. (ja)

Kochanleitung:
Bei akuter Verstopfung morgens auf nüchternen Magen 1 EL Olivenöl
mit Zitronensaft einnehmen.

3.63 Palatschinken mit Spinat und Parmesan

Fördert Ausscheidung und Durchblutung, stärkt Magen, Darm und
Immunsystem. Gut bei Appetitlosigkeit, Blähungen, Bluthochdruck,
Depressionen, Diabetes, Verstopfung, Darmentzündung.
Anzahl Portionen: 6
Kalorien p. Portion 329
Gramm p. Portion 303
Kochdauer ca. 25 Min.
Allergene: ACGL
(Kohlehydrat:46% / Eiweiß & Fett:54%)
100g.≈ Eiweiß 17,5g. Fett:18,52g.
µg. - Ph:3,27 Na:3,24 Ka:6,47 Mg:0,96 Ca:4,52 Fe:0,05 Zn:0,02 Col.:1,32 Hsr.:1,02

Zutaten:
Vollkornmehl 100 g. / 100g. (empfehlenswert)
Weizen Mehl 100 g. / 100g. (ja)
Huhn Ei 4 Stück / 200g. (wenig)
Kuhmilch (Vollmilch 3,5 % Fett) 400 ml. / 400g. (ja)
Salz 1 Prise / 1g. (wenig)
Sonnenblumenöl 1 EL / 15g. (wenig)
Olivenöl 1 EL / 15g. (ja)
Zwiebel weiss 1 Stück / 50g. (ja)
Petersilie 1/2 Bund / 80g. (ja)
Grundrezept für eine Gemüsebrühe nahrhaft 150 ml. / 150g. (ja)
Basilikum (frisch) 1/4 TL / 1g. (ja)
Muskatnuss 1 Prise / 0,3g. (ja)

Creme fraîche 3 EL / 45g. (wenig)
Spinat 600 g. / 600g. (ja)
Salz 1 Prise / 1g. (wenig)
Pfeffer gemahlen 1 Prise / 0,1g. ()
Parmesan 60 g. / 60g. (ja)

Kochanleitung:
Mehl, Eier, Milch und eine Prise Salz mit dem Schneebesen glatt
rühren. Aus dem Teig Palatschinken auf beiden Seiten knusprig braun
braten. Öl in einem kleinen Topf erhitzen und kleingeschnittene Zwiebel
darin gut weich dünsten. Kleingehackte Petersilie unterrühren und kurz
mitdünsten. Mit der Gemüsebrühe (nach Grundrezept) aufgießen, mit
Basilikum und Muskat würzen und zugedeckt 15 Min. köcheln lassen.
Crème fraîche zugeben und alles fein pürieren. Den gewaschenen
tropfnassen Spinat mit etwas Salz in einem geschlossenen Topf bei
mäßiger Hitze 3 Min. kochen, in einem Sieb abtropfen lassen und in
kleine Stücke schneiden. Spinat in die Soße einrühren und kurz
erhitzen. Parmesan untermischen. Die Palatschinken mit dem
Rahmspinat füllen.

3.64 Pikante Avocadocreme mit Hüttenkäse

Hilft bei Entzündungen, Schwellungen, Schmerzen und Juckreiz. Stärkt
Magen und Verdauungssystem, entgiftet, bakterizid.
Anzahl Portionen: 4
Kalorien p. Portion 613
Gramm p. Portion 271,25
Kochdauer ca. 15 Min.
Allergene: G
(Kohlehydrat:39% / Eiweiß & Fett:61%)
100g.≈ Eiweiß 11,04g. Fett:40,92g.
µg. - Ph:7,44 Na:14,84 Ka:19,28 Mg:1,27 Ca:2,23 Fe:0,03 Zn:0,03 Col.:0,06 Hsr.:1,09

Zutaten:
Avocado 2 Stück / 600g. (ja)
Pfeffer gemahlen 1 Prise / 0,5g. ()
Salz 1 Prise / 1g. (wenig)
Zitrone Saft 1/2 Stück / 15g. (ja)
Paprika (Rosenpaprikapulver) 1 Prise / 1g. (ja)
Olivenöl 1 EL / 10g. (ja)
Chili (Schote oder gemahlen) 1 Prise / 0,5g. (ja)
Kräuter verschiedene 1 EL / 7g. (ja)
Hüttenkäse 1 Becher / 250g. (ja)
Brot mit Johannisbrotkernmehl 8 Scheiben / 200g. (ja)

Kochanleitung:
Avocadofleisch pürieren und mit reichlich gemahlenem Pfeffer, Zitronensaft, Rosenpaprika, einigen Tropfen Öl, Chili, frischen gehackten Kräutern und einer Prise Salz würzen. Hüttenkäse (etwa gleiche Menge wie Avocadocreme) vorsichtig untermengen. Passt zu: Kartoffeln und Hirse, mit denen die Avocadocreme in Kombination mit Gemüsegerichten, Hülsenfrüchten oder Blattsalaten eine delikate Mahlzeit ergibt. Eignet sich auch sehr gut als Vorspeise oder als Mitbringsel auf Partys und als Morgenmahlzeit im Sommer, zusammen mit einem milden Gericht aus Linsen oder Adzukibohnen und geraspeltem Rettich.

3.65 Pikante Tofu-Gemüse-Pfanne

Stärkt Magen, lindert Verstopfung, entgiftet, lindert Entzündungen, verbessert Durchblutung, fördert Schwitzen, löst Stagnation, lindert Blähungen, senkt Blutdruck, bakterizid, stärkt Immunsystem, beugt Krebs vor, reduziert Strahlenverletzungen.

Anzahl Portionen: 4
Kalorien p. Portion 241
Gramm p. Portion 329,38
Kochdauer ca. 25 Min.
Allergene: EN
(Kohlehydrat:67,31% / Eiweiß & Fett:32,69%)
100g.≈ Eiweiß 7,37g. Fett:7,33g.
µg. - Ph:15,05 Na:17,26 Ka:39,42 Mg:9,54 Ca:13,3 Fe:0,3 Zn:0,02 Col.:0,01 Hsr.:7,29

Zutaten:
Sesamöl 2 EL / 20g. (wenig)
Karotte (Mohrrübe, Möhre) 2 Stück / 100g. (ja)
Fenchel 1 Stück / 250g. (ja)
Lauch (Porree) 1 Stück / 200g. (ja)
Salz 1 Prise / 1g. (wenig)
Kurkuma (Gelbwurz) 1 Prise / 1g. (ja)
Zitrone Saft 1 Spritzer / 1g. (ja)
Soja Tofu 1 Paket / 120g. (ja)
Pfeffer gemahlen 1 Prise / 0,5g. ()
Sojasauce 1 Schuss / 3g. (ja)
Reis Vollkorn 1 Tasse / 120g. (empfehlenswert)
Wasser 6 Tassen / 500g. (ja)
Salz 1 Prise / 1g. (wenig)

Kochanleitung:
In einem heißen Wok oder einer heißen Pfanne Sesamöl erhitzen. Kleingeschnittene Karotten, Fenchel und Lauchscheiben darin anbraten und mit Salz, einem Spritzer Zitronensaft und Kurkuma würzen. Tofuwürfel 1-2 Min. mitbraten. Pfeffer dazugeben und zugedeckt etwa 5 Min. schmoren lassen, dann mit Sojasoße beträufeln. Den Reis in gesalzenem Wasser aufkochen lassen und bei kleiner Hitze ca. 15 Min. quellen lassen.

3.66 Preiselbeer-Joghurt-Mix

Gut bei akuter oder chronischer Verstopfung, Mundschleimhautentzündung, Durchfall, Blähungen, Reizdarm.
Anzahl Portionen: 2
Kalorien p. Portion 57
Gramm p. Portion 197,5
Kochdauer ca. 5 Min.
Allergene: GO
(Kohlehydrat:75,06% / Eiweiß & Fett:24,94%)
100g.≈ Eiweiß 2,13g. Fett:1,02g.
µg. - Ph:14,34 Na:11,73 Ka:26,32 Mg:5,43 Ca:33,22 Fe:0,03 Zn:0,03 Col.:0,4 Hsr.:0,41

Zutaten:
Joghurt (natur, 1,5 % Fett) 125 g. / 125g. (ja)
Preiselbeermarmelade 2 EL / 20g. (ja)
Mineralwasser 250 ml. / 250g. (wenig)

Kochanleitung:
Joghurt, Preiselbeer-Marmelade und Mineralwasser mit dem Standmixer schaumig rühren.

3.67 Reis mit gedämpftem Gemüse

Senkt Blutdruck, bakterizid, harntreibend, stärkt Immunsystem, beugt Krebs vor, reduziert Strahlenverletzungen. Gut bei Durchblutungsstörungen, Thrombose, Emboliegefahr, Kopfschmerzen, Herzinfarkt und Schlaganfall.
Anzahl Portionen: 2
Kalorien p. Portion 167
Gramm p. Portion 310,5
Kochdauer ca. 20 min
Allergene: L
(Kohlehydrat:82,32% / Eiweiß & Fett:17,68%)
100g.≈ Eiweiß 4,33g. Fett:2,26g.
µg. - Ph:16,63 Na:5,67 Ka:52,64 Mg:6,29 Ca:11,8 Fe:0,4 Zn:0,07 Col.:0 Hsr.:12,64

Zutaten:
Reis Sorte beliebig 1/2 Tasse / 60g. (wenig)
Wasser 3 Tassen / 300g. (ja)
Zitrone Schale 1 Stück / 3g. (ja)
Wasser 1/8 Liter / 0g. (ja)
Karotte (Mohrrübe, Möhre) 2 Stück / 180g. (ja)
Sellerie Stangensellerie 1/2 Stück / 5g. (ja)
Champignon 1/2 Tasse / 50g. (empfehlenswert)
Kresse 2 EL / 20g. (ja)
Leinöl 1 Schuss / 3g. (ja)

Kochanleitung:
Reis nach Grundrezept kochen, dabei ein Stück Zitronenschale
mitkochen. Wasser aufstellen und kleingeschnittene Karotten,
Stangensellerie und Champignons im Gemüseeinsatz dämpfen, bis sie
weich sind. Anschließend mit Kresse bestreuen und zuletzt einen
Schuss hochwertiges Öl zugeben.

3.68 Reis mit Pastinake

Vitaminreich, Mineralstoffe Kalium und Zink. Bei
Durchblutungsstörungen, Thrombose, Emboliegefahr, Bluthochdruck,
Kopfschmerzen, Herzinfarkt, Schlaganfall, Hefepilzinfektionen.
Anzahl Portionen: 3
Kalorien p. Portion 206
Gramm p. Portion 261,33
Kochdauer ca. 45 Min.
(Kohlehydrat:78,37% / Eiweiß & Fett:21,63%)
100g.≈ Eiweiß 5,17g. Fett:4,53g.
µg. - Ph:20,16 Na:2,09 Ka:94,99 Mg:7,61 Ca:10,6 Fe:0,15 Zn:0,07 Col.:0 Hsr.:12,18

Zutaten:
Reis Sorte beliebig 1 Tasse / 120g. (wenig)
Wasser 2 Tassen / 200g. (ja)
Salz 1 Prise / 1g. (wenig)
Pastinake 3-4 Stück / 450g. (ja)
Olivenöl 1 EL / 10g. (ja)
Salbei 1 TL / 3g. (ja)

Kochanleitung:
Pastinake schälen und in Scheiben schneiden. Kurz in Öl anbraten.
Reis hinzugeben und kurz mitbraten. Mit Wasser übergießen und
mindestens 30 Min. lang kochen lassen. Mit etwas frischem gehacktem
Salbei bestreuen.

3.69 Rettich mit Zucker

Fördert Verdauung, entgiftet, fördert Durchblutung, harntreibend, reduziert Durst, beugt Krebs vor, stärkt Körperzellen, löst Stagnation, lindert Schwächezustände, stärkt Milz, beruhigt Magen, produziert Körpersäfte, stärkt Lunge.

Anzahl Portionen: 2
Kalorien p. Portion 46
Gramm p. Portion 202
Kochdauer ca. 5 Min.
(Kohlehydrat:71% / Eiweiß & Fett:29%)
100g.≈ Eiweiß 2g. Fett:0,4g.
µg. - Ph:7,18 Na:4,46 Ka:79,71 Mg:3,71 Ca:8,17 Fe:0,2 Zn:0,07 Col.:0 Hsr.:2,48

Zutaten:
Rettich (weiß, grün, lila-rot) 1 Stück / 400g. (ja)
Zucker braun 1 TL / 4g. (wenig)

Kochanleitung:
Rettich raspeln und mit Zucker bestreuen.

3.70 Rhabarber-Apfel-Grütze

Liefert Antioxidantien und viel Vitamin C. Führt ab, kühlt Hitze, lindert Schmerzen, entgiftet, bakterizid, erwärmt Magen und Milz, fördert Durchblutung.

Anzahl Portionen: 2
Kalorien p. Portion 180
Gramm p. Portion 276,5
Kochdauer ca. 15 Min.
(Kohlehydrat:95,59% / Eiweiß & Fett:4,41%)
100g.≈ Eiweiß 1,2g. Fett:0,58g.
µg. - Ph:14,75 Na:1,5 Ka:93,5 Mg:7,43 Ca:12,73 Fe:0,29 Zn:0,07 Col.:0 Hsr.:6,21

Zutaten:
Rhabarber 200 g / 200g. (ja)
Apfelsaft (Naturtrüb) 300 ml. / 300g. (wenig)
Maisstärke 30 g. / 30g. (wenig)
Honig 20 g. / 20g. (wenig)
Vanillezucker natur 1 Prise / 0,5g. (wenig)
Zimtpulver 1 Prise / 0,5g. (ja)
Pfefferminze 2 Blätter / 2g. (ja)

Kochanleitung:
Die Maisstärke mit ½ Tasse Apfelsaft glattrühren. Den Rhabarber mit einer Tasse Wasser 10 Min. dünsten, den restlichen Apfelsaft zufügen, mit der angerührten Stärke abbinden und nochmals aufkochen. Mit dem Honig süßen und mit Vanille und Zimt würzen. Die Grütze auf Dessertschälchen verteilen und mit Minze garnieren.

3.71 Rhabarberkuchen mit Streuseln

Führt ab, senkt Fieber, schont die Verdauungsorgane, entgiftet, wirkt bei Appetitlosigkeit, Blähungen, Darmentzündung. Lindert Schmerzen, bakterizid, hilft bei brüchigen Nägeln und Haaren, bei trockener Haut, Akne und Ekzemen.

Anzahl Portionen: 8
Kalorien p. Portion 476
Gramm p. Portion 239,5
Kochdauer ca. 1 1/2 Stunden
Allergene: AG
(Kohlehydrat:71,96% / Eiweiß & Fett:28,04%)
100g.≈ Eiweiß 12,4g. Fett:15,41g.
µg. - Ph:14,75 Na:1,3 Ka:29,73 Mg:3,75 Ca:5,17 Fe:0,2 Zn:0,02 Col.:0,01 Hsr.:12,08

Zutaten:
Weizen Mehl 400 g. / 400g. (ja)
Kuhmilch (Vollmilch 3,5 % Fett) 250 ml. / 200g. (ja)
Hefe 30 g. / 30g. (wenig)
Honig 2 TL / 5g. (wenig)
Sonnenblumenöl 2 TL / 5g. (wenig)
Zitrone Schale 1 Stück / 3g. (ja)
Salz 1 Prise / 1g. (wenig)
Rhabarber 1 Kg / 800g. (ja)
Margarine 120 g. / 120g. (wenig)
Weizen Mehl 300 g. / 300g. (ja)
Vanillezucker natur 2 Prisen / 1g. (wenig)
Zimtpulver 2 Prisen / 1g. (ja)
Honig 5 EL / 50g. (wenig)

Kochanleitung:
Mehl, abgeriebene Zitronenschale und Salz mischen. Milch leicht erwärmen und mit Hefe und Honig verrühren. Mehlgemisch und Öl zugeben und kräftig durchkneten. Den Teig zugedeckt an einem warmen Ort gehen lassen, bis er die doppelte Menge erreicht hat (ca. 30 Min.). Für die Streusel Mehl mit Vanille und Zimt mischen, danach Honig und Margarine zufügen und zu einer krümeligen Masse verarbeiten. Streuselteig noch kühl stellen. Ein Backblech mit

Backpapier auslegen. Den Teig für den Boden noch einmal durchkneten, ausrollen, auf das Backblech legen und noch einmal 10 Min. gehen lassen. Den Rhabarber waschen, putzen, längs halbieren und in ca. 3 cm große Stücke schneiden. Die Stücke gleichmäßig auf dem ausgerollten Teig verteilen und die Streusel über den gesamten Kuchen krümeln. Den Kuchen in dem auf 175 Grad vorgeheizten Backofen ca. 40 Min. backen.

3.72 Roher Selleriesalat

Erfrischend. Stärkt Magen, Leber, Nieren und Muskeln. Liefert Vitamin C, stärkt Verdauungssystem, entgiftet, bakterizid, fördert Durchblutung, fördert Gewichtsabnahme.
Anzahl Portionen: 1
Kalorien p. Portion 590
Gramm p. Portion 327
Kochdauer ca. 15 Min.
Allergene: HLN
(Kohlehydrat:26% / Eiweiß & Fett:74%)
100g.≈ Eiweiß 6,84g. Fett:51,9g.
µg. - Ph:58,86 Na:64,97 Ka:271,14 Mg:26,75 Ca:65,8 Fe:0,65 Zn:0,25 Col.:0,12 Hsr.:40,4

Zutaten:
Sellerie Knolle 1/4 Stück / 125g. (ja)
Sellerie Stangensellerie 2 Äste / 30g. (ja)
Sesamöl 4 EL / 40g. (wenig)
Mandelmus 2 EL / 20g. (wenig)
Pfeffer gemahlen 1 Prise / 0,5g. ()
Salz 1 Prise / 1g. (wenig)
Zitrone 1/2 Tasse / 50g. (ja)
Orangensaft 1/2 Tasse / 60g. (wenig)
Paprika (Rosenpaprikapulver) 1 Prise / 1g. (ja)

Kochanleitung:
Sellerieknolle fein raspeln. Selleriestange in kleine Stücke schneiden, Selleriegrün -falls vorhanden- kleinschneiden, blanchieren und alles vermischen. Dressing: Sesamöl, Mandelmus, Pfeffer, Salz, Zitronen- und Orangensaft (frisch) und etwas Rosenpaprika gut durchrühren. Mit dem Sellerie vermischen und gut durchziehen lassen.

3.73 Rosmarinkartoffeln

Kartoffel stärkt die Milz, lindert Entzündungen, verbessert die Verdauung, regeneriert die Haut, ist harntreibend, senkt Cholesterinspiegel. Rosmarin fördert Verdauung, stärkt Lunge, Milz und Nieren.

Anzahl Portionen: 2
Kalorien p. Portion 189
Gramm p. Portion 216,5
Kochdauer ca. 30 Min.
(Kohlehydrat:76,49% / Eiweiß & Fett:23,51%)
100g.≈ Eiweiß 4,21g. Fett:5,25g.
μg. - Ph:23,02 Na:1,45 Ka:165,76 Mg:9,44 Ca:3,73 Fe:0,2 Zn:0,07 Col.:0,01 Hsr.:7,27

Zutaten:
Kartoffel 6-8 Stück / 420g. (ja)
Salz Kräutersalz 1 Prise / 1g. (wenig)
Olivenöl 1 EL / 10g. (ja)
Rosmarin 1 TL / 2g. (ja)

Kochanleitung:
Kartoffeln der Länge nach halbieren, mit etwas Olivenöl bestreichen, salzen, 2-3 Rosmarinnadeln auf jede halbe Kartoffel streuen, auf Backblech setzen und im vorgeheizten Backofen ca. 25 Min. bei 190 Grad backen.

3.74 Rührei mit Blattsalat-Oliven-Tomaten

Beruhigt Nerven und Magen, lindert Müdigkeit, verbessert Magen-Darm-Funktionen, fördert Verdauung, regt Leberfunktion an, entgiftet, hilft Fett zu verdauen, harntreibend, senkt Blutdruck.

Anzahl Portionen: 1
Kalorien p. Portion 420
Gramm p. Portion 264,5
Kochdauer ca. 10 min.
Allergene: C
(Kohlehydrat:8,12% / Eiweiß & Fett:91,88%)
100g.≈ Eiweiß 24,41g. Fett:33,87g.
μg. - Ph:158,24 Na:226,06 Ka:184,43 Mg:13,79 Ca:53,45 Fe:1,72 Zn:1,03 Col.:269,53 Hsr.:7,45

Zutaten:
Huhn Ei 2-3 Stück / 180g. (wenig)
Olivenöl 1 EL / 10g. (ja)
Salz 1 Prise / 1g. (wenig)
Pfeffer gemahlen 1 Prise / 0,5g. ()
Oliven 6 Stück / 10g. (ja)

Tomate 1 Stück / 50g. (ja)
Kopfsalat 2 Blätter / 5g. (ja)
Kurkuma (Gelbwurz) 1 Prise / 1g. (ja)
Petersilie 1/2 EL / 5g. (ja)
Basilikum (frisch) 2-3 Blatt / 2g. (ja)

Kochanleitung:
In der Pfanne Olivenöl erhitzen, Tomate in Scheiben schneiden und
Salat in kleine Stücke zupfen. Tomaten, Salat und Oliven kurz
andünsten und dabei die Eier mit Salz und Gewürzen mit einer Gabel
verrühren und diese Masse in die Pfanne eingießen. Mit einem
Holzlöffel umrühren, bis die gewünschte Konsistenz erreicht ist.
Gewürze und Kräuter: Kurkuma, Petersilie, Basilikum, Schwarzkümmel.
Variante: Zucchini, Rucola.

3.75 Sellerie-Kartoffel-Cremesuppe

Senkt Blutdruck, stärkt Immunsystem, fördert Gewichtsabnahme. Gut
bei Abwehrschwäche, Appetitlosigkeit, Blähungen, Depressionen,
Diabetes, Durchfall, Verdauungsschwäche.
Anzahl Portionen: 4
Kalorien p. Portion 113
Gramm p. Portion 241,5
Kochdauer ca. 45 Min.
Allergene: GL
(Kohlehydrat:83,35% / Eiweiß & Fett:16,65%)
100g.≈ Eiweiß 2,16g. Fett:5,52g.
µg. - Ph:5,96 Na:3,46 Ka:23,98 Mg:22,27 Ca:83,51 Fe:0,18 Zn:0,02 Col.:0 Hsr.:1,49

Zutaten:
Olivenöl 1 EL / 10g. (ja)
Zwiebel weiss 1/2 Stück / 25g. (ja)
Grundrezept für eine Gemüsebrühe nahrhaft 700 ml. / 700g. (ja)
Kartoffel 200 g / 200g. (ja)
Muskatnuss 1 Prise / 0,5g. (ja)
Kümmel 1 Prise / 0,5g. (ja)
Zitrone Schale 1/4 Stück / 1g. (ja)
Creme fraîche 2 EL / 20g. (wenig)
Salz 1 Prise / 1g. (wenig)
Petersilie 1 EL / 8g. (ja)

Kochanleitung:
Das Olivenöl in einem Topf leicht erhitzen und Zwiebelwürfel darin bei
milder Hitze ganz weich dünsten. Mit Gemüsebrühe (nach Grundrezept)
aufgießen und zugedeckt 15 Min. köcheln lassen. Kartoffelwürfel,

kleingeschnittenen Sellerie, Muskat, Kümmel und Zitronenschale zugeben und zugedeckt weitere 12 Min. leicht kochen. Kartoffeln und Sellerie sollen weich sein, aber nicht zerfallen. Zitronenschale entfernen, mit dem Mixstab oder im Mixer die Suppe mit Crème fraîche fein pürieren und mit Salz abschmecken. Suppe portionsweise mit der kleingehackten Petersilie anrichten.

3.76 Spargelcremesuppe

Harntreibend, fördert Durchblutung, produziert Körpersäfte, beugt Krebs vor, führt ab, antiparasitär, regt Leberfunktion an. Gut bei Appetitlosigkeit, Blähungen, Rheuma, Sodbrennen.

Anzahl Portionen: 2
Kalorien p. Portion 240
Gramm p. Portion 409,5
Kochdauer ca. 45 Min.
Allergene: ACG
(Kohlehydrat:21% / Eiweiß & Fett:79%)
100g.≈ Eiweiß 5,2g. Fett:19,85g.
µg. - Ph:9,44 Na:1,5 Ka:15,8 Mg:1,6 Ca:6,23 Fe:0,13 Zn:0,08 Col.:9,84 Hsr.:2,42

Zutaten:
Spargel (grün oder weiß) 200 g / 200g. (ja)
Wasser 1/2 Liter / 500g. (ja)
Rapsöl 3 EL / 30g. (ja)
Weizen Mehl 2 EL / 10g. (ja)
Huhn Eigelb 1 Stück / 25g. (wenig)
Kuhmilch (Vollmilch 3,5 % Fett) 1 EL / 15g. (ja)
Sauerrahm 15% Fett 1 EL / 15g. (ja)
Pfeffer gemahlen 1 Prise / 0,5g. ()
Muskatnuss 1 Prise / 0,5g. (ja)
Zitrone Saft 1 TL / 2g. (ja)
Petersilie 2 EL / 20g. (ja)
Salz 1 Prise / 1g. (wenig)

Kochanleitung:
Den Spargel waschen und schälen. Wasser, etwas Zitronensaft und eine Prise Salz zum Kochen bringen. Die Spargelstangen zusammenbinden. Spargelschalen ins Kochwasser geben und aufkochen lassen. Den Spargel in die kochende Flüssigkeit geben und auf kleiner Hitze ca. 20 Min. garen lassen. Danach die Spargelbündel herausnehmen und den Sud durch ein Sieb gießen. Für die Einbrenne das Öl in einem Topf erhitzen, das Mehl zugeben und farblos anschwitzen. Mit dem Spargelsud langsam auffüllen und 10 Min. köcheln lassen. Die Spargelstangen in ca. 3 cm lange Stücke

schneiden und unter die abgebundene Suppe geben. Kurz vor dem Servieren die Suppe nochmals aufkochen lassen. Das Eigelb mit Milch und Sauerrahm verrühren. Den Topf vom Herd nehmen und danach das Eigelb-Milch-Gemisch unterrühren. Mit Pfeffer und Muskat abschmecken, mit der gehackten Petersilie dekorieren und sofort servieren.

3.77 Steinpilz-Räuchertofu-Aufstrich auf Toastbrot

Gut bei Appetitlosigkeit, Blähungen, Verdauungsstörungen. Verbessert Schilddrüsenfunktion. Nicht zusammen mit Spinat essen!
Anzahl Portionen: 2
Kalorien p. Portion 169
Gramm p. Portion 227,75
Kochdauer ca. 1 Stunde
Allergene: AEMO
(Kohlehydrat:27,88% / Eiweiß & Fett:72,12%)
100g.≈ Eiweiß 15,23g. Fett:8,01g.
µg. - Ph:55,57 Na:53,54 Ka:112,96 Mg:33,53 Ca:39,19 Fe:0,69 Zn:0,12 Col.:0 Hsr.:35,09

Zutaten:
Steinpilz/Herrenpilz 150 g. / 150g. (empfehlenswert)
Soja Tofu geräuchert 200 g / 200g. (ja)
Olivenöl 1/2 EL / 5g. (ja)
Essiggurke 1 EL / 10g. (ja)
Muskatnuss 1 Prise / 1g. (ja)
Salz 1 Prise / 1g. (wenig)
Sojapaste (Miso) 50 ml. / 50g. (ja)
Zitrone Schale 1 TL / 2g. (ja)
Senf Dijon 2 TL / 6g. (ja)
Pfeffer gemahlen 1 Prise / 0,5g. ()
Toastbrot (Vollkorn) 6 Scheiben / 30g. (ja)

Kochanleitung:
Frische oder getrocknete Pilze verwenden. Die getrockneten Steinpilze 1 Std. in 250 ml heißem Wasser einweichen, abgießen, abtropfen lassen und klein schneiden. Das Einweichwasser auffangen und durch ein feines Sieb gießen. Olivenöl in einer kleinen, beschichteten Pfanne leicht erhitzen, Steinpilze dazugeben, leicht salzen, mit Muskat würzen und unter Rühren kurz anbraten. 6 EL Einweichwasser untermischen und leicht köcheln lassen, bis die Flüssigkeit verdampft ist. Räuchertofu, die Pilze, kleingehackte Essiggurke, Sojacreme, abgeriebene Zitronenschale und Dijon-Senf mit dem Cutter oder dem Mixstab zu einem glatten Aufstrich verarbeiten und mit Salz und Pfeffer abschmecken. Auf den Toastbrotscheiben servieren.

3.78 Tee aus Anissamen

Anis (gemeiner Fenchel) fördert Verdauung, stärkt Magen und Milz.

Anzahl Portionen: 4
Kalorien p. Portion 3
Gramm p. Portion 125,75
Kochdauer ca. 15 Min.
(Kohlehydrat:51,11% / Eiweiß & Fett:48,89%)
100g.≈ Eiweiß 0,14g. Fett:0,12g.
µg. - Ph:0,71 Na:0,27 Ka:2,06 Mg:0,5 Ca:2,29 Fe:0 Zn:0,01 Col.:0 Hsr.:0

Zutaten:
Anis (gemeiner Fenchel) 1 TL / 3g. (ja)
Wasser 1/2 Liter / 500g. (ja)

Kochanleitung:
Wasser zum Kochen bringen und beiseite stellen. Anis zugeben, 10
Min. ziehen lassen und durch ein Teesieb abgießen. Nach Geschmack
mit Honig süßen. Um eine heilsame Wirkung zu erzielen, sollte man pro
Tag 2 Tassen Anis-Tee trinken.

3.79 Tee aus Bockshornklee

Hilft bei Blähungen und nervösen Verdauungsproblemen, fördert den
Auswurf von Schleim, reguliert den Blutzuckerspiegel.

Anzahl Portionen: 4
Kalorien p. Portion 0
Gramm p. Portion 127,25
Kochdauer ca. 10 Min.
(Kohlehydrat:0% / Eiweiß & Fett:0%)
100g.≈ Eiweiß 0g. Fett:0g.
µg. - Ph:0 Na:0,25 Ka:0 Mg:0,25 Ca:1,23 Fe:0 Zn:0,01 Col.:0 Hsr.:0

Zutaten:
Bockshornklee 2-4 TL / 9g. (ja)
Wasser 1/2 Liter / 500g. (ja)

Kochanleitung:
Bockshornklee mit kochendem Wasser überbrühen und zugedeckt etwa
10 Min. ziehen lassen. Den Tee abseihen und warm trinken.

3.80 Tee aus Holunderblüten

Harn- und schweißtreibend. Gut bei Halsschmerzen, Erkältungen, Grippe, Harnsteinen, Konzentrationsschwäche, Mitessern, Rheuma, Verstopfung, Wassersucht, Heuschnupfen. Stärkt das Immunsystem.
Anzahl Portionen: 4
Kalorien p. Portion 7
Gramm p. Portion 128
Kochdauer ca. 10 Min.
(Kohlehydrat:0% / Eiweiß & Fett:0%)
100g.≈ Eiweiß 0g. Fett:0g.
μg. - Ph:0 Na:0,24 Ka:0 Mg:0,24 Ca:1,22 Fe:0 Zn:0,01 Col.:0 Hsr.:0

Zutaten:
Holunderblütentee 4 TL / 12g. (ja)
Wasser 1/2 Liter / 500g. (ja)

Kochanleitung:
Die Holunderblüten mit kochendem Wasser übergießen und nach 5 Min. abseihen.

3.81 Tee aus Ingwer mit Honig

Honig lindert Schmerzen, entgiftet, ist bakterizid. Frischer Ingwer fördert Verdauung, entgiftet, stärkt Säfteproduktion, treibt Schweiß, reduziert Blutfett, regt an, löst Stagnation.
Anzahl Portionen: 4
Kalorien p. Portion 5
Gramm p. Portion 127,25
Kochdauer ca. 30 Min.
(Kohlehydrat:98,08% / Eiweiß & Fett:1,92%)
100g.≈ Eiweiß 0,02g. Fett:0,01g.
μg. - Ph:0,1 Na:0,29 Ka:0,7 Mg:0,33 Ca:1,27 Fe:0,01 Zn:0,01 Col.:0 Hsr.:0

Zutaten:
Ingwer frisch 1 TL / 3g. (ja)
Wasser 1/2 Liter / 500g. (ja)
Honig 2 TL / 6g. (wenig)

Kochanleitung:
Wasser zum Kochen bringen und beiseite stellen. Ingwer zugeben und 20-30 Min. ziehen lassen. Nach Geschmack mit Honig süßen.

3.82 Tee aus Koriander

Koriander fördert Verdauung, ist schweißtreibend.

Anzahl Portionen: 4
Kalorien p. Portion 2
Gramm p. Portion 125,75
Kochdauer ca. 10 Min.
(Kohlehydrat:100% / Eiweiß & Fett:0%)
100g.≈ Eiweiß 0g. Fett:0g.
µg. - Ph:0,6 Na:0,3 Ka:1,76 Mg:0,72 Ca:2,3 Fe:0,01 Zn:0,01 Col.:0 Hsr.:0

Zutaten:
Koriander 1 TL / 3g. (ja)
Wasser 1/2 Liter / 500g. (ja)

Kochanleitung:
Wasser zum Kochen bringen und beiseite stellen. Koriander dazugeben und 10 Min. ziehen lassen.

3.83 Tee aus Kümmel

Kümmel fördert die Verdauung und lindert Blähungen.

Anzahl Portionen: 4
Kalorien p. Portion 2
Gramm p. Portion 125,75
Kochdauer ca. 10 Min.
(Kohlehydrat:59,19% / Eiweiß & Fett:40,81%)
100g.≈ Eiweiß 0,15g. Fett:0,11g.
µg. - Ph:0,8 Na:0,28 Ka:1,91 Mg:0,67 Ca:2,67 Fe:0,01 Zn:0,01 Col.:0 Hsr.:0

Zutaten:
Kümmel 1 TL / 3g. (ja)
Wasser 1/2 Liter / 500g. (ja)

Kochanleitung:
Wasser zum Kochen bringen und beiseite stellen. Zerriebenen Kümmel dazugeben und 10 Min. ziehen lassen. Abseihen und nach Geschmack mit Honig süßen.2-mal täglich 1 Tasse trinken.

3.84 Tee aus Majoran

Hilft bei der Verdauung von fetten Speisen, harntreibend, antibakterielle Wirkung im Mund-Rachenraum. Hilft bei Wechseljahrsbeschwerden.
Anzahl Portionen: 4
Kalorien p. Portion 1
Gramm p. Portion 126,5
Kochdauer ca. 10 Min.
(Kohlehydrat:68% / Eiweiß & Fett:32%)
100g.≈ Eiweiß 0,03g. Fett:0,02g.
µg. - Ph:0,14 Na:0,28 Ka:0,73 Mg:0,41 Ca:2,21 Fe:0,01 Zn:0,01 Col.:0 Hsr.:0

Zutaten:
Majoran 2 TL / 6g. (ja)
Wasser 1/2 Liter / 500g. (ja)

Kochanleitung:
Gießen Sie den Majoran mit kochendem Wasser auf, nach 10 Min. abseihen und je 1 Tasse morgens und abends trinken.

3.85 Tee aus Rooibos

Antioxidativ, entzündungshemmend, antibakteriell, antiviral, antifungal, entgiftend (basisch), krebshemmend, schützt durch enthaltene Flavonoide, positive Wirkung bei Alzheimer und Arteriosklerose. Antiallergisch, hemmt die Histaminausschüttung.
Anzahl Portionen: 5
Kalorien p. Portion 0
Gramm p. Portion 200,8
Kochdauer ca. 10 Min.
(Kohlehydrat:0% / Eiweiß & Fett:0%)
100g.≈ Eiweiß 0g. Fett:0g.
µg. - Ph:0 Na:0,2 Ka:0 Mg:0,2 Ca:1 Fe:0 Zn:0 Col.:0 Hsr.:0

Zutaten:
Wasser 1 Liter / 1000g. (ja)
3-4 TL Rooibos

Kochanleitung:
Rooibos mit einem Liter kochenden Wasser überbrühen und 6-10 Min. ziehen lassen. Bei weichem Wasser können Sie weniger Tee für die Zubereitung nehmen, bei härterem Wasser empfehlen wir eine höhere Dosierung.

3.86 Teemischung gegen Darmträgheit

Fördert Verdauung, stärkt den Magen, harntreibend und allgemein kräftigend. Gut bei Appetitlosigkeit, Verdauungsstörungen und Magenleiden.

Anzahl Portionen: 8
Kalorien p. Portion 1
Gramm p. Portion 132,5
Kochdauer ca. 20 Min.
(Kohlehydrat:87% / Eiweiß & Fett:13%)
100g.≈ Eiweiß 0,01g. Fett:0,02g.
µg. - Ph:0,01 Na:0,02 Ka:0,07 Mg:0,02 Ca:0,08 Fe:0 Zn:0 Col.:0 Hsr.:0

Zutaten:
Enzianwurzel 1 EL / 20g. (ja)
Kalmus 1 EL / 20g. (ja)
Schlehdorn 1 EL / 20g. (ja)
Wasser 1 Liter / 1000g. (ja)

Kochanleitung:
Vorbereitung: 20 g Enzian, 20 g Kalmus und 20 g Schlehdorn mischen.
Zubereitung: 1 EL der Mischung auf 1 Tasse als Aufguss 15-20 Min.
ziehen lassen. Anwendung: morgens und abends 1 Tasse warm trinken.

3.87 Tomatensuppe

Fördert Verdauung, hilft Fett zu verdauen, senkt Blutdruck, löst Stagnation, antioxidativ, harntreibend.

Anzahl Portionen: 2
Kalorien p. Portion 100
Gramm p. Portion 290
Kochdauer ca. 10 min.
(Kohlehydrat:42% / Eiweiß & Fett:58%)
100g.≈ Eiweiß 1,78g. Fett:7,9g.
µg. - Ph:4,2 Na:1,2 Ka:31,36 Mg:1,99 Ca:3,85 Fe:0,07 Zn:0,04 Col.:0,01 Hsr.:1,47

Zutaten:
Olivenöl 1 EL / 15g. (ja)
Zwiebel weiss 1 Stück / 60g. (ja)
Zimtpulver 1 Prise / 1g. (ja)
Basilikum (frisch) 1 TL / 2g. (ja)
Pfeffer gemahlen 1 Prise / 0,5g. ()
Salz 1 Prise / 1g. (wenig)
Tomate 5 Stück / 250g. (ja)

Paprika (Rosenpaprikapulver) 1 Prise / 1g. (ja)
Wasser 250 g. / 250g. (ja)

Kochanleitung:
Die kleingeschnittene Zwiebel im Olivenöl in einem Topf anrösten, Salz
und Gewürze zufügen und kurz mitrösten. Gewaschene und geviertelte
Tomaten zugeben und kurz anbraten. 250 ml Wasser heißes Wasser
zufügen, 15 Min. kochen lassen und dann pürieren.

3.88 Vanillecreme mit Beeren

Stärkt die Abwehr gegen Pilzinfektionen, abführend, entgiftend,
blutreinigend. Gut bei Körperschwäche, chronischer Verstopfung,
Gewichtsverlust.

Anzahl Portionen: 4
Kalorien p. Portion 282
Gramm p. Portion 272
Kochdauer ca. 15 Min.
Allergene: G
(Kohlehydrat:27,7% / Eiweiß & Fett:72,3%)
100g.≈ Eiweiß 13,39g. Fett:31,23g.
μg. - Ph:23,97 Na:6,5 Ka:32,71 Mg:3,46 Ca:21,12 Fe:0,1 Zn:0,02 Col.:0,41 Hsr.:1,8

Zutaten:
Topfen (Quark) 20% 400 g. / 400g. (ja)
Joghurt (natur, 1,5 % Fett) 150 g. / 150g. (ja)
Zucker braun 2 TL / 8g. (wenig)
Acerola Fruchtnektar oder Pulver 1 TL / 2g. (wenig)
Vanillezucker natur 3 Paket / 3g. (wenig)
Sahne, süß 30% 125 g. / 125g. (wenig)
Erdbeere 100 g. / 100g. (ja)
Himbeere 100 g. / 100g. (ja)
Brombeere 100 g. / 100g. (ja)
Heidelbeere 100 g. / 100g. (ja)

Kochanleitung:
Quark, Joghurt, Zucker, Acerola und Vanillezucker mit dem
Handrührgerät oder Schneebesen glatt rühren. Sahne sehr steif
schlagen, unter die Quarkcreme mischen und portionsweise mit den
Beeren anrichten.

3.89 Vanillepudding

Gegen Verstopfung.
Anzahl Portionen: 2
Kalorien p. Portion 255
Gramm p. Portion 274,5
Kochdauer ca. 10 Min.
Allergene: G
(Kohlehydrat:67,17% / Eiweiß & Fett:32,83%)
100g.≈ Eiweiß 8,11g. Fett:8,88g.
μg. - Ph:44,27 Na:33,55 Ka:70,35 Mg:5,7 Ca:55,16 Fe:0,1 Zn:0,09 Col.:1,37 Hsr.:0

Zutaten:
Kuhmilch (Vollmilch 3,5 % Fett) 500 ml. / 500g. (ja)
Puddingpulver Vanille 1 Paket / 37g. (ja)
Zucker (weiß, aus Rüben) 1 EL / 12g. (wenig)

Kochanleitung:
3-5 EL der Milch in eine Tasse geben und den Rest in einem Topf zum
Kochen bringen. Das Puddingpulver zusammen mit dem Zucker und
der Milch in der Tasse klümpchenfrei verrühren. Sobald die Milch kocht,
die Mischung zugeben und unter ständigem Rühren auf kleiner Flamme
ca. 3 Min. kochen. In vorbereitete Schälchen verteilen.

3.90 Wärmende Karottensuppe

Stärkt und wärmt, senkt Blutdruck, bakterizid, stärkt Immunsystem,
beugt Krebs vor, stärkt Magen-Darm-Funktion.
Anzahl Portionen: 3
Kalorien p. Portion 133
Gramm p. Portion 274,67
Kochdauer ca. 30 min
Allergene: HL
(Kohlehydrat:78,77% / Eiweiß & Fett:21,23%)
100g.≈ Eiweiß 2,17g. Fett:7,87g.
μg. - Ph:8,57 Na:6,92 Ka:27,55 Mg:25,11 Ca:97,93 Fe:0,4 Zn:0,03 Col.:0 Hsr.:2,99

Zutaten:
Karotte (Mohrrübe, Möhre) 4 Stück / 250g. (ja)
Walnussöl 2 EL / 20g. (ja)
Zwiebel Schalotte 2 Stück / 40g. (ja)
Anis (gemeiner Fenchel) 1/2 TL / 1g. (ja)
Muskatnuss 1 Prise / 1g. (ja)
Ingwer frisch 1/2 TL / 1g. (ja)
Salz 1 Prise / 1g. (wenig)
Grundrezept für eine Gemüsebrühe nahrhaft 1/2 Liter / 500g. (ja)
Petersilie 1 EL / 10g. (ja)

Kochanleitung:
Walnussöl in einem Topf erhitzen und die kleingeschnittenen Zwiebeln darin anbraten. Karotten gewürfelt zufügen. Anis, Muskat, etwas Ingwer und Salz zugeben. Wasser oder Gemüse- bzw. Fleischbrühe zugeben. Alles weich kochen und dann pürieren. Am Ende Petersilie unterheben. Empfehlung: Die Suppe eignet sich für die kalte Jahreszeit, vor allem, wenn man als Flüssigkeit zum Aufgießen Fleischbrühe verwendet.

3.91 Zwetschgenkuchen

Entwässert den Körper, regt die Verdauung an, bindet Fette im Darm, lindert Schmerzen, entgiftet, bakterizid, beugt Krebs vor. Gut bei Appetitlosigkeit, Blähungen, Darmentzündung, Fettsucht, Gicht, Magengeschwür, Magenkrampf, Rheuma, Sodbrennen.
Anzahl Portionen: 6
Kalorien p. Portion 503
Gramm p. Portion 307,83
Kochdauer ca. 1 Stunde
Allergene: AG
(Kohlehydrat:71,38% / Eiweiß & Fett:28,62%)
100g.≈ Eiweiß 12,33g. Fett:19,28g.
µg. - Ph:15,91 Na:4,6 Ka:32,67 Mg:3 Ca:5,23 Fe:0,16 Zn:0,02 Col.:0,05 Hsr.:8,3

Zutaten:
Topfen (Quark) 20% 200 g / 200g. (ja)
Weizen Mehl 400 g. / 400g. (ja)
Kuhmilch (Vollmilch 3,5 % Fett) 6 EL / 70g. (ja)
Rapsöl 6 EL / 70g. (ja)
Honig 8 EL / 100g. (wenig)
Backpulver 1 Paket / 3g. (ja)
Salz 1 Prise / 1g. (wenig)
Zimtpulver 1 TL / 3g. (ja)
Zwetschken 1 Kg / 1000g. (empfehlenswert)

Kochanleitung:
Mehl, Quark, Milch, Öl, Honig, Salz und Backpulver zu einem glatten Teig verrühren. Den Teig 15. Min. kühl stellen und quellen lassen. Auf einem mit Backpapier ausgelegten Backblech den Teig auslegen, die Pflaumen gleichmäßig darauf verteilen und mit dem Zimt bestreuen. Für ca. 40 Min. bei 190 Grad backen.

4 Wirkung der Lebensmittel

4.1 Zutaten verwenden: empfehlenswert

Aloesaft
Amaranth
Aprikose
Bambussprossen
Blumenkohl (Karfiol)
Boxhornkleesamen
Buchweizen
Buchweizen Vollkorn
Buttermilch
Champignon
Dinkel Brot
Dinkel Vollkornmehl
Feige
Feige getrocknet
Flohsamen
Granatapfel
Grünkern
Gurke (bitter)
Hafer
Hafer Flocken (Vollkorn)
Hafer Flocken geröstet
Hafer Schrot
Hirse
Hirseflocken
Kefir
Kichererbsen
Leinsamen
Leinsamen (geschrotet)
Limabohnen
Linsen (Helmbohnen)
Linsen gelb
Linsen rot
Linsen schwarz
Mangold
Maniokmehl
Marillen
Mehrkornbrot (Graubrot)
Mungbohne
Mungbohnensprossen
Müsli

Nierenbohnen (rote)
Nudeln (Vollkorn) mit Ei
Papaya
Pflaume
Pflaume getrocknet
Pintobohnen gesprenkelt
Reis Vollkorn
Roggen Vollkornbrot
Rotkohl
Saubohnen (Dicke Bohnen)
Sauerampfer
Sauerkraut
Sauermilch
Schwarzaugenbohnen
Schwarze Bohnen
Sesam, Schwarzer
Sesam, Weißer
Soja Cuisine (Soja-Sahne)
Sojabohne
Sojabohnen, Gelbe
Sojabohnen, Schwarze
Sojabohnen, Schwarze, fermentiert
Sojacreme
Sonnenblumenkerne
Stangenbohnen (Fisolen)
Steinpilz/Herrenpilz
Vollkornbrot
Vollkornbrot mit ganzen Körner
Vollkornmehl
Wacholderbeere
Wachskürbis
Weiße Bohnen
Weißkohl/Weißkraut
Weizen Mehl Vollkorn
Weizen/Roggen Grau- Schwarzbrot mit Hefe
Weizenkleie
Wirsing/Grünkohl
Zucchini
Zwetschken

4.2 Zutaten verwenden: ja

Aal
Aal geräuchert
Adzukibohnen
Agar-Agar, Agartang
Amaranth POPS
Ananas

Ananas (aus der Dose)
Ananassaft ungezuckert
Andornkraut
Angelikawurzel
Anis (gemeiner Fenchel)
Aprikose getrocknet

Artischocke
Aubergine
Austernpilze
Austernschalenpulver
Avocado
Backpulver
Baldrian
Banchatee
Bärentraubenblätter
Bärlauch (Knoblauchspinat)
Barsch
Basilikum
Basilikum (frisch)
Bataviasalat
Beeren der Saison
Beerensaft
Benediktinerdistel
Berberitzenrindetee
Birne
Birnensaft
Bitter Lemon
Bitterklee
Bitterorangenschale
Blattsalate (bitter)
Blütenpollen
Bocksdornfrüchte (Fructus Lycii) getrocknet
Bockshornklee
Bohnen (grün, frisch)
Bohnenkraut
Borretsch
Brennnessel
Brokkoli
Brombeerblätter
Brombeere
Brot mit Johannisbrotkernmehl
Buchweizen (geröstet) Kasha
Bulgur (Getreide)
Buschbohnen
Butterbohnen weiße
Calamari
Cashewnüsse
Chenpi (chinesische Mandarinenschale)
Chicorée
Chili (Schote oder gemahlen)
Chinakohl
Chlorella (Süßwasser)
Chrysanthemenblütentee
Clementinen
Couscous
Cranberries
Cumin (Kreuzkümmel)
Curry

Currypaste rot
Dashi
Datteln getrocknet
Datteln rot
Dill
Dinkel
Dinkel Flocken
Dinkel Gries
Dornhai (Seeaal, Schillerlocken)
Dorsch
Dulse (Lappentang)
Edamer
Eibennuss
Eibisch (Hibiscus)
Eisbergsalat
Endiviensalat
Enzianwurzel
Erbse, grün
Erbsen
Erdbeere
Erdbeersaftgetränk
Erdnüsse
Essig (Apfelessig)
Essig (Rotweinessig)
Essig Aceto Balsamico
Essig Aceto Balsamico weiss
Essiggurke
Estragon
Färberdiestel (Hong Hua)
Färberginsterkraut
Feldsalat
Fenchel
Fenchelsamen gemahlen
Fencheltee
Feta
Fischreste
Fischsouce
Fischstücke gemischt (Süßwasser)
Flaschenkürbis
Flunder
Forelle
Forelle (geräuchert)
Frischkäse
Frischkäse aus Soja
Frischkäse mit Kräuter
Früchtetee
Gagelpflaume
Galgant
Gänseblümchen
Garam Masala Pulver
Garnele
Gelatine weiss
Gelee Royal
Gemüsesaft

Gerste
Gerste (Nacktgerste)
Gerste (Perlgerste)
Gerstengras Pulver
Gerstengraupen
Gerstengrütze
Gerstenmalz
Gerstenmehl
Getreidekaffee
Gewürznelke
Ginkgofrucht
Ginsengwurzel
Glühweingewürzmischung
Gouda
Grapefruit getrocknete Schale
Grapefruit/Pampelmuse/Pomelo
Grapefruitsaft
Grundrezept für eine Entenbrühe
Grundrezept für eine Fischbrühe
Grundrezept für eine Gemüsebrühe
nahrhaft
Grundrezept für eine Hühnerbrühe
wärmend
Grundrezept für eine Rinderbrühe
Grundrezept für eine Rinderbrühe
wärmend
Grüner Tee
Guave
Gurke
Gurke (Gewürzgurke)
Hafer Mehl
Hafer Milch
Hafer Schmelzlocken (Babynahrung)
Hagebutte
Hagebuttentee
Haifisch
Haselnüsse
Heidelbeere
Heilbutt
Hering
Hibiskustee
Hijiki
Himbeerblättertee
Himbeere
Himbeere getrocknet (unreife)
Hiobsträne (Samen) YiYi Ren
Hokkaidokürbis
Holunderbeeren
Holunderblütentee
Honigmelone
Hopfen
Hummer
Hüttenkäse
Ingwer frisch

Ingwer Pulver
Jakobstränen
Jasminblütentee
Joghurt (natur, 1,5 % Fett)
Joghurt (natur, 3,5 % Fett)
Johannisbeere (rot)
Johannisbeere (schwarz)
Johannisbeere (weiß)
Johannisbeermarmelade (rot)
Johannisbeermarmelade (schwarz)
Johannisbeernektar (schwarz)
Johannisbrotkernmehl
Kabeljau
Kaffee
Kaffeeweißer
Kakao
Kaki-Pflaume
Kaktusfeige
Kalmus
Kamille
Kapern (eingelegt)
Kapuzinerkresse
Karambole/Sternfrucht
Karausche
Kardamom
Karotte (Frühkarotte)
Karotte (Mohrrübe, Möhre)
Karottensaft ohne Zucker
Kartoffel
Kartoffel (mehlige)
Kartoffelmehl
Käsepappeltee
Kastanien (Maronen)
Kaviar
Kerbel
Kerbel getrocknet
Kirsche
Kirsche (sauer)
Kirschenkompott
Kirschsaft
Kiwi
Klementine
Klettenwurzeltee
Knäckebrot
Knoblauch
Kohlrabi
Kohlrübe
Kokosmilch
Kombualge
Kompott (Früchte der Saison)
Kopfsalat
Koriander
Koriandergrün
Krabbe

Krake
Kräuter bittere
Kräuter der Provence
Kräuter verschiedene
Kräuter Wildkräuter
Kräuterteemischung
Kresse
Kuhmilch (1,5 % Fett)
Kuhmilch (Vollmilch 3,5 % Fett)
Kukichatee
Kümmel
Kümmel gemahlen
Kumquat
Kürbis
Kürbiskerne
Kurkuma (Gelbwurz)
Kuzu
Lachs
Languste
Lauch (Porree)
Lauchzwiebel Schnittlauch
Laugengebäck
Lavendelblüten
Leberglättertee
Leinöl
Liebstöckel
Liebstöckelsamen
Lindenblütentee
Longane
Loquate/Japanische Mispel
Lorbeerblatt
Lotossamen
Lotoswurzeln
Löwenzahn (junger)
Löwenzahnsaft
Löwenzahnwurzeltee
Luohan-Frucht
Lychee
Lychee (Konserve)
Magermilchpulver
Mais
Mais (geröstet)
Mais (Schnellpolenta)
Mais Gries (Polenta)
Maishaartee
Majoran
Makannastern Samen
Makrele
Malventee
Malz
Mandarine
Mandeln
Mango
Mangopulver

Maulbeerfrucht
Meeräsche
Meereskrebs
Melisse
Miesmuscheln
Mirabelle
Miso
Miso schwarz (fermentiert)
Mispel
Mittelmeerfisch (Kabeljau, Scholle,
Schellfisch, Seeaal, Makrele)
Mixed Pickels
Mohn
Molke
Moosbeere
Morchel (schwarz, getrocknet)
Mozzarella
Mu-Erh-Pilz
Muskatnuss
Nektarine
Nelke
Nori, Purpurtang, Rotalge
Obstmischung Fruchtsaft
Odermennig
Okra
Oliven
Oliven grün
Olivenöl
Orange
Orange abgeriebene Schale
Orange getrocknete Schale
Orange Schale
Orangenblüten
Oregano frisch
Oregano getrocknet
Paprika
Paprika (Rosenpaprikapulver)
Paprika (süß)
Paranuss
Parmesan
Passionsblumenblütentee
Passionsfrucht (Maracuja)
Pastinake
Peperoni
Peperoni, gelb, entkernt, halbiert
Peperoni, rot, entkernt, halbiert
Petersilie
Petersilienwurzel
Pfeffer Cayenne
Pfeffer Körner
Pfeffer weiss (gemahlen)
Pfefferminze
Pfefferminztee
Pfeilwurzelmehl

Pfifferlinge/Eierschwammerl
Pfirsich
Pfirsich (Dose)
Piment
Pinienkerne
Pistazien
Preiselbeere
Preiselbeermarmelade
Preiselbeersaft
Puddingpulver Vanille
Pumpernickel
Qualle
Quargel 20%
Quinoa
Quitte
Radicchio
Radieschen
Rapsöl
Reineclaude
Reis Reisschleim
Reis Wilder (Naturreis)
Reishi
Rettich (weiß, grün, lila-rot)
Rettich Meerrettich (Kren)
Rettich schwarz
Rettichblätter (vom Wochenmarkt)
Rhabarber
Roggen
Roggenmehl
Römersalat/Lattich-Salat
Rosenblättertee
Rosenblütentee
Rosenkohl
Rosmarin
Rotbarsch
Rote Grütze (ohne Zucker)
Rote Rübe
Safran
Sago (Getreide)
Sahne 10% Kaffeesahne
Sahne sauer 10%
Sahne sauer 20%
Sake
Salbei
Sanddorn
Sardellen/Sardine
Sauerkirsche
Sauerrahm 15% Fett
Sauerteig
Schafgarbe
Schafgarbentee
Schafmilch Joghurt
Schafskäse
Schafsmilch

Schimmelkäse
Schlehdorn
Schmelzkäse 12%
Schmelzkäse 30%
Schnecke
Scholle
Schwarzer Fungu Pilz
Schwarzkümmel
Schwarzwurzel
Schwedenkraut (Schwedenbitter)
Seegurke
Sellerie Knolle
Sellerie Stangensellerie
Senf
Senf Dijon
Senf mittelscharf
Senf süß
Senfsamen
Sesam Paste (Tahini)
Shiitake, getrocknet
Shrimps
Silbermorchel, getrocknet
Soja Tofu
Soja Tofu geräuchert
Sojabohnenmilch
Sojamehl
Soja-Nudeln
Sojapaste (Miso)
Sojasauce
Spargel (grün oder weiß)
Speiserüben
Spinat
Spitzwegerichtee
Stachelbeere
Sternanis
Stevia (Süßkraut)
Stutenmilch
Süßholzwurzeltee
Süßkartoffel
Süßwasserfisch
Süßwasserkrebs
Tabasco
Teemischung Harnsäuresenkend
Thunfisch
Thymian
Thymian getrocknet
Tintenfisch
Toastbrot (Vollkorn)
Tomate
Tomate getrocknet
Tomatenmark
Tomatenpüre
Tomatensaft
Tonicwasser

Topfen (Quark) 20%
Trauben rot
Trauben weiß
Traubensaft rot
Traubensaft weiß
Trüffel
Tsampa (geröstetes Gerstenmehl)
Umeboshipaste
Umeboshipflaumen (Japanaprikosen)
Vanille
Vanillepulver
Vanilleschote
Vogerlsalat (Pflücksalat)
Wachtel
Wakame
Walderdbeeren
Walnüsse
Walnüsse geröstet
Walnussöl
Wasser
Wasser heiss
Wassermelone
Weißdorn
Weißfischchen
Weißwurz
Weizen
Weizen Bulgurweizen
Weizen Flocken
Weizen Gras Pulver

Weizen Gries
Weizen Gries - Kindergries
Weizen Mehl
Weizengrassaft
Wermut
Wermutkraut
Wildkräuter
Wildschwein Fleisch
Yamswurzel, Yamswurzelknolle
Yogitee
Ysop
Ziege
Ziegen- und Schafsmilch
Ziegenkäse
Zimtpulver
Zimtstange
Zitrone
Zitrone Saft
Zitrone Schale
Zitrone, Limette
Zitronengras
Zitronenmelisse (frisch)
Zitronenmelisse (getrocknet)
Zuckerersatz (Süßstoff)
Zwiebel Frühlingszwiebel
Zwiebel rot
Zwiebel Schalotte
Zwiebel weiss

4.3 Zutaten verwenden: wenig

Acerola Fruchtnektar oder Pulver
Agavendicksaft
Ahornsirup
Apfel (sauer)
Apfel (süß)
Apfelmus
Apfelsaft (Naturtrüb)
Aprikosen Marmelade
Aprikosennektar
Austern
Bier (alkoholarm)
Bier (alkoholfrei)
Bier (Altbier)
Bier (Pils)
Bitterlikör
Bohnenöl
Borretschöl
Bratöl
Brie
Brombeere getrocknet (unreife)
Brombeermarmelade
Brötchen (Semmel)

Butter (halbfett)
Butter Bio
Butterschmalz
Camembert
Campari
Colagetränk
Colagetränk (kalorienarm)
Creme fraîche
Distelöl
Emmentaler
Ente (Frühmastente, schlachtfrisch)
Ente (Herz)
Entenei
Erdbeermarmelade
Erdnuss (geröstet)
Erdnussbutter
Erdnussöl
Fasan
Fernet Branca (Kräuterbitterlikör)
Fisch Innereien
Fruchtzucker (Fruktose,
Traubenzucker)

Gans
Gans (Gänseklein)
Gans (Gänseschmalz)
Gänseblut
Gänseei
Ginsenglikör
Gorgonzola
Graskarpfen
Hammel
Hase
Hase, wild
Hefe
Heidelbeermarmelade
Heidelbeersaft
Himbeermarmelade
Hirsch Fleisch
Hirsch Knochen
Hirsch Nieren
Honig
Honigwein (Met)
Huhn Blut
Huhn Ei
Huhn Eigelb
Huhn Eiweiß
Huhn Fleisch
Huhn Herz
Huhn Leber
Huhn Magen
Ingweröl
Kaninchen Fleisch
Kaninchen Leber
Karpfen
Kokosfett
Kokosflocken
Kokosnussfleisch
Kokosraspeln
Korinthen (rot)
Korinthen (schwarz)
Kürbiskernöl
Lamm Fleisch
Lamm Knochen
Lamm Leber
Lamm Nieren
Lamm Schulter
Löffelbiskuit
Lycheelikör
Mais Mehl (Maizena)
Maiskeimöl
Maisstärke
Malzbier
Mandelmilch
Mandelmus
Mandeln Marzipan
Mangosaft

Margarine
Margarine (Diät)
Marillensaft
Martini
Mayonnaise 50%
Mayonnaise 80%
Mineralwasser
Nachtkerzenöl
Nudeln (Weizen) mit Ei
Nudeln (Weizen, Bandnudeln) mit Ei
Nudeln (Weizen, Lasagneblätter) mit Ei
Nudeln (Weizen, Spagetti) mit Ei
Orangenmarmelade
Orangensaft
Palmöl
Pferd Fleisch
Prosecco
Pute Brustfleisch
Pute Schinken
Reh Fleisch
Reis Basmatireis
Reis Duftreis
Reis Gaoliangreis (Sorghum)
Reis Klebreis
Reis Langkornreis
Reis Roter
Reis Schwarzer
Reis Sorte beliebig
Reismalz
Reismehl
Reisnudeln
Rind (Kalb)
Rind Filet
Rind Fleisch
Rind Fleischknochen
Rind Herz
Rind Herz (Kalb)
Rind Knochenmark
Rind Leber
Rind Lunge (Kalb)
Rind Magen
Rind Niere
Rind Ochsenschwanzstücke
Rind Suppenfleisch
Rosinen
Rotwein
Rum
Sahne sauer 30%
Sahne, süß 30%
Salz
Salz Kräutersalz
Schaffleisch
Schnaps
Schwein Blut

Schwein Bratwurst
Schwein Darm
Schwein Fleisch
Schwein Haut
Schwein Haxe (Eisbein)
Schwein Herz
Schwein Hirn
Schwein Leber
Schwein Lunge
Schwein Magen
Schwein Markknochen
(Röhrenknochen)
Schwein Mettwurst
Schwein Nieren
Schwein Schinken
Schwein Schinken gekocht
Schwein Schinken geselcht
Schwein Schinkenspeck
Schwein Schmalz
Sesamöl
Sesamöl geröstet
Sherry
Sojaöl
Sonnenblumenöl
Taube
Taube Ei

Topfen (Quark) 40%
Traubenkernöl
Vanillezucker natur
Vogelmiere
Wachtel Ei
Weißwein
Weizen Bier
Weizen Fladenbrot
Weizenkeimöl
Ziegen- und Schafsblut
Ziegen- und Schafshirn
Ziegen- und Schafsleber
Ziegen- und Schafsmagen
Zucker (Staubzucker)
Zucker (weiß, aus Rüben)
Zucker braun
Zucker Fructose Fruchtzucker
Zucker Glukose Traubenzucker
Zucker Kandis weiß
Zucker Melasse
Zucker Milchzucker
Zucker Palmzucker
Zucker Ursüße (Zuckerrohr) süß
Zwieback

4.4 Kontraindikativ wirkende Lebensmittel nicht verwenden

Astronautenkost
Banane
Banane Kochbanane
Blätterteig
Brösel (Weizenbrot, Semmel)
Grundrezept für eine Reissuppe
(Congee)
Heidelbeere getrocknet
Reis Rundkornreis
Reis Süßer
Reisstärke

Schokolade
Schokolade (Diabetiker)
Schwarztee
Schwein Fett
Weißbrot (Weizenbrot)
Weißbrot Baguette
Weißbrot Brösel (Weizenbrot)
Weißbrot Knödelbrot (Weizenbrot)
Weißbrot Salzstangerl
Weißbrot Semmel

5 Komplementär

5.1 Dekokt (Abkochung)

5.1.1 Ginkgosamen

Abführend, fördert die Durchblutung.
Abkochung mit 5-15 g in zwei Dosen nach den Mahlzeiten trinken
Wirkstoffe: Floavanoglycoside, Procyanidine
Nicht überdosieren (toxisch); nicht verwenden bei: Husten mit starkem
Schleim. Keine Blutdrucksenkende Wirkung! Deshalb gut geeignet bei
älteren Menschen, die auf die üblichen Schlaf-u. Beruhigungsmittel
nervös reagieren.

5.1.2 Holunder (Blüten)

Fördert Wasserlassen.
2 – 3 TL getrocknete Blüten in 150ml kochendes Wasser geben,
zugedeckt 3 – 5 Min. ziehen lassen. Abseihen und möglichst heiß trinken.
Tropfen, die sich im Deckel gesammelt haben in den Tee geben, denn
auch hier befinden sich wertvolle Inhaltsstoffe.

5.1.3 Wacholderbeeren

Fördert Verdauung. Gut gegen Appetitlosigkeit, Müdigkeit, Rheuma,
Gicht, Abwehrschwäche, Reizblase. Harnregulierend.
2 Teelöffel des Tees mit 250 ml kochendem Wasser übergießen und 10
Minuten ziehen lassen. Danach absieben. Nach Bedarf 2 bis 3 Tassen
pro Tag trinken.
Verwendung: Tee, würzen
Überdosierung meiden, Schwangere und akut Nierenkranke sollten
verzichten. Bei äußerlicher Einwirkung kann es zu einer Entzündung der
Haut mit Blasenbildung kommen.

5.1.4 Wegwarte Wurzel

Hilft bei Ikterus, Hepatitis, Fieber, Übelkeit, Diarrhöe, Kopfschmerzen,
Obstipation, trockener Stuhl, Durst, Völlegefühl, Appetitmangel,
Stimmungsschwankungen, Ödeme, Übergewicht, Hyperurikämie (Gicht
und Rheuma).
2-6 Gramm fein geschnittener Wurzel werden mit 150 ml kaltem Wasser
übergossen. 2 – 3 Min kochen und dann abseihen. Der Tee wird ½ Std
vor dem Essen getrunken und sollte nicht gesüßt werden. In seltenen

Fällen können allergische Hautreaktionen auftreten

5.2 Einreibung

5.2.1 Chili Schoten

Äußerlich als Einreibungen gut gegen rheumatische Erkrankungen, Erkältung, Fieber, Verdauungsschwäche, Übelkeit, Erbrechen, Schmerzen, Depressionen, Verspannungen.
Hohe Dosen können bei längerer Anwendung zu lebensgefährlicher Hypothermie führen, zu akuter Gastritis, Nierenentzündung. Zubereitungen mit Capsicum reizen auch in geringen Mengen Haut und Schleimhäute und können schmerzhaftes Brennen hervorrufen.

5.3 Heil-Tee (Aufguss)

5.3.1 Berberitzen-Wurzel

Antiseptisch, gut gegen Leberfunktionsstörungen, Gallenleiden, Gelbsucht und Verdauungsstörungen.
Stärkt und kräftigt die Leber. Wirksam bei Leberkrankheiten, besonders bei Gelbsucht und Hepatitis. Immunsystem-Stimulans, verdauungsfördernd, entfernt Protozoen-Parasiten (Amöben), aktiviert die Schilddrüse und wird als eines der nützlichsten Kräuter angesehen. Eines der wirksamsten Kräuter um die Milz, die Gallenblase und Leberfunktion zu korrigieren, außerdem wirksam gegen Gelbsucht, Gastritis, Leber- und Nierenverstopfung und Schwächezustände. Ein wirksamer Magen- und Darm- und Blutreiniger. Sie hilft, Verstopfungen und Ablagerungen zu entfernen. Weil sie antiseptische Eigenschaften hat, hilft sie bei Leberproblemen.
Nicht in der Schwangerschaft verwenden.

5.3.2 Faulbaumrinde

Regt Darmperistaltik, Leber und Bauchspeicheldrüse an.
Ein halber Teelöffel voll Faulbaumrinde wird mit heißem Wasser (ca. 150 ml) übergossen und nach etwa 10 bis 15 Minuten durch ein Teesieb gegeben.
Amerikanische Faulbaumrinde stellt die Peristaltik des Darmes wieder her. Sie regt die Gallenblase und die Nebennierenrinde an. Sie hat eine beträchtliche Wirkung beim Entfernen der Ablagerungen im Darm und bringt das Verdauungssystem in Ordnung, indem die Sekretion des Magens, der Leber und der Bauchspeicheldrüse angeregt wird.

5.3.3 Rooibos

Antioxidativ, entzündungshemmend, krebshemmend, schützt durch enthaltene Flavonoide, positive Wirkung auch auf Alzheimer, Arteriosklerose. Antiallergisch, hemmt die Histaminausschüttung. Antibakteriell, antiviral, antifungal, entgiftend (basisch).
3-4 Teelöffel Rooibos mit einem Liter kochendem Wasser überbrühen und 6-10 Min. ziehen lassen. Bei weichem Wasser benötigen Sie weniger Tee für die Zubereitung, bei härterem Wasser empfehlen wir eine höhere Dosierung.

5.4 Kaltauszug (Mazerat)

5.4.1 Sennesblätter

Hilft bei chronischer und akuter Obstipation mit trockenem Stuhl, abdominales Spannungsgefühl, Koliken bei Pankreatitis, Cholezystitis.
1–2 g getrocknete Blätter für Mazerat; 1–2 ml Tinktur.
Nur für den kurzfristigen Gebrauch (1 bis 2 Wochen), da die Wirkung nach einer Latenzzeit von 10–12 Stunden nach der Einnahme eintritt. Vor dem Zu-Bett-Gehen einnehmen.

5.5 Komplementäre Anwendung

5.5.1 Enzympräparate

Enzyme sind Proteinketten, die biochemische Reaktionen auslösen. Sie könnten Umweltgifte neutralisieren und freien Radikalen, Bakterien, Viren und Pilzen entgegenwirken.
Die Dosierung für eine Therapie und eine Kombination von Präparaten legt der Arzt für jeden Patienten individuell fest.
Bei einer Erkrankung der Bauchspeicheldrüse verschreibt der Arzt Enzympräparate. Hierfür verwendet man Enzyme, die aus der Bauchspeicheldrüse des Hausschweins stammen.
Durch Zufuhr von Enzymkombination geht man davon aus, dass das Immunsystem positiv beeinflusst oder die Entzündungsheilung gegebenenfalls beschleunigt wird.
Die Einnahme von Enzympräparaten löst manchmal allergische Reaktionen aus. In einigen Fällen tritt eine Verdauungsstörung in Form von Blähungen, Übelkeit, Bauchschmerzen, Erbrechen und Durchfall auf.
Keine Enzymtherapie während der Schwangerschaft.

5.5.2 Massagen

Die Massage ist eine Therapieform der manuellen Therapie. Sie dient zur mechanischen Beeinflussung von Haut, Bindegewebe, Muskulatur uns Verdauung.

Durch Dehnungs-, Zug- und Druckreiz erstreckt sich die Wirkung von der behandelten Stelle des Körpers über den gesamten Organismus, was auch die Psyche mit einschließt. Massage oder heilende Berührung können Schmerz vermindern. Durch die Anregung des Stoffwechsels fördert die Massage auch das Immunsystem. Meistens sind Fußreflexzonen- oder Rückenmassagen sehr hilfreich, um das allgemeine Wohlbefinden zu verbessern. Nach Operationen können Fehlhaltungen auftreten, welche mit gezielten Massagen gelockert werden können und so auch die Schmerzen reduziert werden.

5.5.3 Physiotherapie

Bewegungs- und Funktionsfähigkeit verbessern, wiederherzustellen oder erhalten. Unterstützt den Stoffwechsels und die Durchblutung, lindert Schmerzen und steigert die Ausdauer und Kraft. Schult Koordination und Beweglichkeit.

Massagen: Mobilisierung der Durchblutung, Entspannung von verkrampften Muskeln und Sehnen. Gerätegestützten Therapie: Mit medizinischen Trainingsgeräte und Zugapparate.

Mobilisationsübungen und Handgriffe: Kraft, Ausdauer, Beweglichkeit und Koordination.

Lymphdrainage: Bringen den Lymphfluss in Schwung und entgiften so den Körper. Nach Operationen oder Verwundungen können Abbauprodukte der Heilung schneller abgeführt werden. Achtung, bei manchen Erkrankungen muss bis nach Beendigung der Therapie gewartet werden, da sonst der Heilerfolg verringert werden kann.

5.6 Speisezugabe

5.6.1 Flohsamen

Regt Verdauung an. Die Schleime sowie fettes Öl üben außerdem eine Art Schmiereffekt aus, wodurch der Darminhalt leichter weitertransportiert wird. Ganze oder geschrotete indische Flohsamen oder reinen Samenschalen dienen als mildes Abführmittel.

1-2 TL pro Mahlzeit: kann löffelweise oder als Speisezugabe verwendet werden. Ganz wichtig dabei: viel trinken!

In der äußeren Schicht der Samenschalen befinden sich Schleimstoffe, die im Dickdarm mit Hilfe von Wasser aufquellen. Dadurch kommt es zu einer Volumenzunahme im Darm, die wiederum die Tätigkeit des

Verdauungsorgans anregt und dessen Inhalt schneller weiterbefördert. Die Schleime sowie fettes Öl üben außerdem eine Art Schmiereffekt aus, wodurch der Darminhalt leichter weitertransportiert wird. Ganze oder geschrotete indische Flohsamen sowie die reinen Samenschalen dienen daher als mildes Abführmittel. Ganz wichtig dabei: viel trinken! Flohsamen sollen ½–1 Stunde vor oder nach der Einnahme von anderen Arzneimitteln eingenommen werden, da sich ansonsten die Aufnahme anderer Arzneimittel aus dem Magen-Darm-Trakt verzögern kann.

5.6.2 Leinsamen

Gut gegen Verstopfung, trockener unproduktiver Husten, Gastritis, Divertikulitis und lokale Hautentzündungen.
2–3 EL ganze Leinsamen mit ½ l Wasser 10 Min. köcheln und weitere 20 Min. quellen und abkühlen lassen. In heißen Getränken, Suppen, warmen Speisen einnehmen.
Die Verdauungswirkung wird erheblich verstärkt, wenn die Samen gut gekaut werden. Für Kinder von 6–12 Jahren die Dosis halbieren.

5.7 Verschiedene Möglichkeiten

5.7.1 Aloe Vera (Echte Aloe)

Äußerlich: beruhiget die Haut. Als Dekokt: Beruhigt die Leber, mindert Fieber; wirkt mild abführend, leitet die radikale Darmentleerung ein; stärkt Magenfunktion; reguliert Menstruation; keimtötend und kühlend
Zur Magenstärkung 0,1 - 0,2 g. Als mildes Abführmittel 0,3 - 0,6 g. Zur radikalen Darmentleerung 0,8 - 1,0 g.
Aufguss mit 250 ml. Kochendem Wasser
Zur äußerlichen Anwendung reiben Sie ein wenig frisch gepressten Saft unverdünnt direkt auf das betroffene Hautareal.
Nicht anwenden bei: Kindern, die zu Leere-Kälte-Symptomen neigen (sehr blass, zart, anfällig für Erkältungskrankheiten); Darmverschluss, Schwangerschaft und Stillzeit; Erwachsene sollten die oben angegebene Dosierung nicht überschreiten.

Zur Magenstärkung 0,1-0,2g. Als mildes Abführmittel 0,3-0,6g. Zur radikalen Darmentleerung 0,8-1,0g. Äußerlich frisch gepressten Saft unverdünnt einreiben.
Nicht anwenden bei: Kindern, Darmverschluss, Schwangerschaft und Stillzeit. Dosierung nicht überschreiten.

5.7.2 Cannabis Samen

Gut gegen Verstopfung bei alten oder geschwächten Menschen, oder nach einer Entbindung auf Grund von Blutmangel. Gegen trockenem Husten. Gegen Hautentzündungen als Breiumschlag.
Die Resorption anderer, gleichzeitig eingenommener Arzneimittel kann verlangsamt oder behindert werden. Bei Überdosierung kann Übelkeit, Erbrechen oder Diarrhöe auftreten.

5.7.3 Japanaprikose

Verbessert die Darmtätigkeit, unterstützt Magensaftproduktion, reduziert Blutungen.
3-10 g
Nicht verwenden bei: innerer Hitze.

5.7.4 Kalmuswurzel

Regt Appetit und Verdauung an, lindert Verstopfung, Anämie, Verdauungsschwäche bei Milch und Käse, allgemeine chronische Schwäche.
Mittlere Tagesdosis: 1–5g Infus, Dekokt Droge oder 1–8ml Tinktur.

5.7.5 Mariendistel

Gut gegen Koliken, Krämpfe, Schmerzen im Oberbauch, Obstipation, Leberzirrhose, Fettleber, Pankreaserkrankungen.
Ein wichtiges Lebermittel in der westlichen Naturheilkunde, besonders zur Entgiftung und als Antitoxin. Selten als Teedroge verwendet, da wichtige (antitoxische) Inhaltsstoffe schlecht wasserlöslich sind.
Kann leicht laxierend wirken.

5.7.6 Rhabarber Wurzel

Laxierend, gut bei Gastritis und Magengeschwüre. Regt Verdauung an.
Wirkstoffe: Anthrachinon, Antrachinonderivate, Gerbstoffe
Rhabarberwurzel stimuliert die Leber und die Gallengänge. Obwohl sie ein Abführmittel ist, verhindert sie Durchfall. Sie reinigt die Schleimschichten im Verdauungssystem und unterstützt die Entfernung von Ablagerungen. Rhabarber ist ein wichtiger Leber- und Darmreiniger. Mit seinem hohen Gehalt an Vitamin A, B-Komplex und Kalzium unterstützt er den Wiederaufbau des Verdauungssystems und reduziert den Blutdruck sowie Entzündungen.
Als lokale Anwendung bei Entzündung des Mund- und Rachenraumes oder Fieberblasen.
Bei Dauergebrauch ist Kaliumverlust möglich. Wurzel nicht bei Schwangerschaft, Darmverschluss oder unter 12 Jahren verwenden!

5.7.7 Schwarzer Sesam

Leicht abführend.

5-10 g

Nicht verwenden bei: Diarrhö.

5.7.8 Tintenpilz, Schopftintling, Spargelpilz

Entzündungshemmend, senkt Blutzucker, regt Peristaltik an.
Der Spargelpilz enthält viel Vitamin C und B3, Riboflavin und Thiamin.
Der getrocknete Pilzes besteht zu 22-38% aus Eiweiß, darin enthalten 20
freie Aminosäuren. Hoher Mineral- und Spurenelementgehalt. Stark
antioxidativ und entzündungswidrig wirkend. Senkt den Blutzucker. Das
beruht zum Großteil auf den hohen Gehalt organisch gebundenem
Vanadium. Hoher Gehalt an Lektine regt die Peristaltik an.
Sie können empfindlich mit Durchfällen reagieren, probieren Sie zuerst
keine Portionen aus.

6 Grundlagen der Ernährung

Die hier beschriebenen Grundlagen der Ernährung zeigen allgemeine Empfehlungen und beziehen sich nicht auf eine spezielle Therapieform. Die Empfehlungen der Therapie haben Vorrang.

6.1 Ernährung

Die regelmäßige Einnahme von Mahlzeiten in entspannter Atmosphäre. Ein wärmendes Frühstück gilt als guter Start in den Tag. Mittags sollte die Hauptmahlzeit stattfinden - das Abendessen am frühen Abend.

Die Beachtung von Hunger- und Sättigungsgefühlen: Nicht überessen und nicht hungern, so lautet die Regel.

Die frische Zubereitung der Speisen aus naturbelassenen, regionalen Produkten. Tiefgekühlte, hitzekonservierte, industriell vorgefertigte oder mikrowellengegarte Lebensmittel werden gemieden.

Die Auswahl von Lebensmittel nach der Jahreszeit: Im Sommer mehr kühlende Nahrung, im Winter mehr wärmende Nahrung.

Mindestens zweimal am Tag Gekochtes essen. Speisen und Getränke sollen möglichst handwarm, niemals eiskalt oder heiß sein.

Rohkost, kurz gegartes Gemüse, frisch gepresste Säfte und Mineralwasser werden üblicherweise nicht empfohlen. Milch und Milchprodukte stehen nur dann auf dem Speiseplan, wenn sie problemlos vertragen werden.

Therapeutische Rezepte nicht über einen längeren Zeitraum ohne Rücksprache mit dem Arzt oder Therapeuten einnehmen.

1. Vielseitig essen
Lebensmittelvielfalt genießen. Merkmale einer ausgewogenen Ernährung sind abwechslungsreiche Auswahl, geeignete Kombination und angemessene Menge nährstoffreicher und energiearmer Lebensmittel. (Einerseits Schutz vor Unterversorgung mit essentiellen Nährstoffen und andererseits Schutz vor einer überhöhten Zufuhr unerwünschter Inhaltsstoffe.)

2. Reichlich Getreideprodukte - und Kartoffeln
Brot, Nudeln, Reis, Getreideflocken (am besten aus Vollkorn), sowie

Kartoffeln enthalten kaum Fett, aber reichlich Vitamine, Mineralstoffe, Spurenelemente sowie Ballaststoffe und sekundäre Pflanzenstoffe. Diese Lebensmittel sollten mit möglichst fettarmen Zutaten verzehrt werden.

3. Gemüse und Obst - Nimm "5" am Tag ...

5 Portionen Gemüse und Obst am Tag, möglichst frisch, nur kurz gegart, oder auch eine Portion als Saft – idealerweise zu jeder Hauptmahlzeit und auch als Zwischenmahlzeit: Damit werden reichlich Vitamine, Mineralstoffe sowie Ballaststoffe und sekundären Pflanzenstoffe (z.B. Carotinoiden, Flavonoiden) zugeführt. Das Beste, was man für die eigene Gesundheit tun kann.

4. Täglich Milch und Milchprodukte, ein- bis zweimal in der Woche

Fisch; Fleisch, Wurstwaren sowie Eier in Maßen. Diese Lebensmittel enthalten wertvolle Nährstoffe, wie z.B. Calcium in Milch, Jod, Selen und Omega-3-Fettsäuren in Seefisch. Fleisch ist wegen des hohen Beitrags an verfügbarem Eisen und an den Vitaminen B1, B6 und B12 vorteilhaft. Mengen von 300 - 600 g Fleisch und Wurst pro Woche reichen hierfür aus. Fettarme Produkte bevorzugen, vor allem bei Fleischerzeugnissen und Milchprodukten.

5. Wenig Fett und fettreiche Lebensmittel

Fett liefert lebensnotwendige (essenzielle) Fettsäuren und fetthaltige Lebensmittel enthalten auch fettlösliche Vitamine. Fett ist besonders energiereich, daher kann zu viel Nahrungsfett Übergewicht fördern, möglicherweise auch Krebs. Zu viele gesättigte Fettsäuren fördern langfristig die Entstehung von Herz-Kreislauf-Krankheiten. Pflanzliche Öle und Fette bevorzugen (z.B. Raps-, Oliven- und Sojaöl und daraus hergestellte Streichfette). Auf unsichtbares Fett achten, das in Fleischerzeugnissen, Milchprodukten, Gebäck und Süßwaren sowie in Fast-Food- und Fertigprodukten meist enthalten ist. Insgesamt 70 - 90 Gramm Fett pro Tag reichen aus.

6. Zucker und Salz in Maßen

Nur gelegentlich Zucker und Lebensmittel, bzw. Getränke verzehren, die mit verschiedenen Zuckerarten (z.B. Glucose Sirup) hergestellt wurden. Kreativ mit Kräutern und Gewürzen und wenig Salz würzen. Jodiertes Speisesalz bevorzugen.

7. Reichlich Flüssigkeit

Wasser ist absolut lebensnotwendig. Jeden Tag rund 1-2 Liter Flüssigkeit trinken. Wasser (ohne oder mit Kohlensäure) und andere kalorienarme Getränke bevorzugen. Alkoholische Getränke sollten nicht konsumiert werden.

8. Schmackhaft und schonend zubereiten
Die jeweiligen Speisen bei möglichst niedrigen Temperaturen garen,
soweit es geht kurz, mit wenig Wasser und wenig Fett - das erhält den
natürlichen Geschmack, schont die Nährstoffe und verhindert die Bildung
schädlicher Verbindungen.

9. Sich Zeit nehmen und das Essen genießen
Bewusstes Essen hilft, richtig zu essen. Auch das Auge isst mit. Sich
beim Essen Zeit lassen. Das macht Spaß, regt an, vielseitig zuzugreifen
und fördert das Sättigungsempfinden.

10. Auf das Gewicht achten und in Bewegung
Ausgewogene Ernährung, viel körperliche Bewegung und Sport (30 bis
60 Minuten pro Tag) gehören zusammen. Mit dem richtigen
Körpergewicht fühlt man sich wohl und fördert die Gesundheit.
Thermik, Wirkrichtung, Verdauungskraft
Es gibt unterschiedliche Kriterien, die Wirksamkeit von Kräutern und
Lebensmittel zu beurteilen. Der Einsatz der Kräuter und Zutaten basiert
auf Beobachtung, was die Lebensmittel, Kräuter und Gewürze nach
ihrem Verzehr im Körper bewirken. In der Medizin hat sich daraus
folgendes System entwickelt: Jede Zutat oder Kraut hat eine
Wirkrichtung. Außerdem gibt es noch Kräuter, die eine besondere
Wirkung auf bestimmte Organe haben.

Voraussetzung für einen gesunden Stoffwechsel ist es, darauf zu achten,
dass wir ausreichend Energie aus der Nahrung gewinnen und der
Verdauungsprozess so wenig Energie wie möglich verbraucht. Eine
bekömmliche Mahlzeit macht zufrieden und satt, verursacht keine
Blähungen und keine Müdigkeit nach dem Essen. Richtiges Würzen
erhöht die Bekömmlichkeit unserer Speisen. Es genügen oft schon
geringe Mengen an Kräutern und Gewürzen. Sie dienen nicht dazu, uns
satt zu machen, sondern helfen unseren Verdauungsorganen, die
Nahrung zu verdauen.

6.2 Rezepte

Die Rezepte zeigen Ihnen welche Zutaten verwendet werden sowie mit
der Kochanleitung wie diese zubereitet werden. Bei den Zutaten wird
neben den Mengenangaben auch die Wichtigkeit für die Therapie
angezeigt. Wenn dabei angezeigt wird "weniger als angegeben"
versuchen Sie diese Empfehlung einzuhalten oder eine Alternative aus

der Liste der "Empfohlenen Lebensmittel" zu finden. Meistens ist es nur eine leichte geschmackliche Änderung wenn Sie diese Zutat gänzlich weglassen.

Schonende Kochmethoden: Kochen, dämpfen, pochieren, dünsten
Scharfe Kochmethoden: Grillen, rösten, anbraten, räuchern
Ausgeglichene Kochmethoden: Frittieren, Römertopf

Auf das Einfrieren und erwärmen in der Mikrowelle sollte verzichtet werden (Denaturierung).

6.3 Lebensmittel

Lebensmittel wirken wie Heilkräuter auf Körper und Geist, nur wesentlich sanfter. Die Ernährungsberatung stützt sich hauptsächlich auf heimische Lebensmittel. Das Wissen über die Wirkungsweisen jedes einzelnen Lebensmittels und das Wissen wann welche Lebensmittel zur Anwendung kommen, entstammt der Schulmedizin. Verwende Sie möglichst Erzeugnisse aus ökologischen-biologischem Landbau.

Da wegen der besseren Verdaulichkeit grundsätzlich alles lange gekocht und kaum roh gegessen wird, ist die Verträglichkeit hervorragend.

Die Einteilung der Lebensmittel entsprechend ihrer Wirkung auf den Körper und bildet die Basis, um einen ausgewogenen und harmonischen Gesundheitszustand im Körper zu erreichen.

Grundsätzlich empfiehlt die Ernährungsberatung keine bestimmten Lebensmittel für Jedermann. Ausschlaggebend für den individuellen Speiseplan ist vor allem die persönliche Konstitution.

Kaufen Sie nur frisches und reifes Obst und Gemüse ein. Braune Stellen, welke Blätter aber auch unreifes Obst und Gemüse sollten Sie im Supermarkt zurücklassen. Greifen Sie dann zu Tiefkühlware (keine Fertiggerichte!). Tiefkühlobst und -gemüse werden kurz nach dem Ernten schockgefroren und enthalten deshalb oftmals mehr Vitamine und Mineralstoffe, als die Ware aus der Obst- und Gemüsetheke! Konserven- und Dosenware dagegen enthält wesentlich weniger Biostoffe. Zudem werden Letztere meist mit Salz, Zucker usw. angereichert. Lassen Sie die Zutaten nach dem Waschen nie im Wasser liegen, denn so gehen viele Vitalstoffe ins Wasser über! Putzen Sie Salate, Früchte und Gemüse erst unmittelbar vor Verzehr.

Beachten Sie bitte die hygienische Verarbeitung der Lebensmittel. Waschen Sie Ihre Salate, Früchte und Gemüse gründlich. Bei Gerichten mit Fleisch bereiten Sie zuerst die Zutaten vor und verarbeiten dann die Fleischprodukte. Reinigen Sie danach die Arbeitsflächen und Werkzeuge besonders gründlich. Holzunterlagen sollten regelmäßig mit leichtem Desinfektionsmittel behandelt werden um die Keimbildung einzuschränken.

Bewahren Sie Obst und Gemüse möglichst getrennt voneinander auf. Auch geerntete Früchte und Gemüse leben und strömen z.B. Ethylengas aus, das andere Sorten schneller reifen und altern lässt. Fleisch und Fisch in der verschlossenen Verpackung lassen oder in luftdichten Boxen im Kühlschrank aufbewahren.

6.4 Kräuter

Bei der Aufbewahrung und Lagerung von Heilkräutern, müssen gewisse Grundregeln beachtet werden. Grundsätzlich müssen Heilkräuter geschützt vor direkter Sonneneinstrahlung, vor Feuchtigkeit und vor heißen Temperaturen gelagert werden.

Als Gefäße für die Lagerung von Heilkräutern können Gläser, Keramik-Behälter und zur Not auch Plastik-Dosen eingesetzt werden. Plastik ist aber ein sehr unreines Material und sollte daher wirklich nur eine kurzfristige Notlösung sein. Bei Glasbehältern ist darauf zu achten, dass dunkles Glas verwendet wird.

Heilkräuter können nicht beliebig lange aufbewahrt werden. Die Haltbarkeit von Heilkräutern ist auf jeden Fall begrenzt. Durch die Haltbarkeitsdauer kann durch sachgerechte Lagerung wesentlich erhöht werden. So soll der Lagerplatz dunkel, eher kühl und absolut trocken sein. Ein Medizinschrank aus Holz, der nicht direkt bei einer Wärmequelle platziert ist wäre ideal. Um Ihre Heilkräuter nicht wegwerfen zu müssen, kaufen Sie nicht zu große Mengen an Heilpflanzen. Beschriften Sie die Behälter mit dem Namen des Heilkrauts und dem Datum der Ernte bzw. der Verarbeitung.

7 Weitere Ernährungsvorschläge

Folgende Syndrome der Diätetik, der TCM oder als Therapieergänzung bei Krebs sind verfügbar.

DIÄTETIK

1. Ernährung des Säuglings - Beikost
2. Ernährung in der Stillzeit
3. Ernährung im Alter
4. Ernährung von Kindern und Jugendlichen
5. Ernährung von Sportlern
6. Leichte Vollkost
7. Schwangerschaft
8. Vollkost

Eiweiß und Elektrolyt – Nieren
9. (Hämo-)Dialysebehandlung
10. Akutes Nierenversagen
11. Chronische Niereninsuffizienz
12. Nephrotisches Syndrom
13. Nierensteine (Nephrolithiasis)

Gastrointestinaltrakt - Bauchspeicheldrüse
14. Akute Pankreatitis (Entzündung der Bauchspeicheldrüse)
15. Chronische Pankreatitis (Entzündung der Bauchspeicheldrüse)

Gastrointestinaltrakt - Dünndarm und Dickdarm
16. Akute Obstipation (Verstopfung)
17. Chronische Obstipation (Verstopfung)
18. Colon irritabile
19. Divertikulitis
20. Erworbene Laktoseintoleranz (Laktosemalabsorption)
21. Fruktosemalabsorption
22. Glutensensitive Enteropathie (Zöliakie)
23. Kolektomie
24. Kurzdarmsyndrom

Gastrointestinaltrakt - Leber, Gallenblase, Gallenwege
25. Akute und chronische Hepatitis (Entzündung der Leber)
26. Cholelithiasis (Gallensteine)
27. Fettleber
28. Leberzirrhose

Gastrointestinaltrakt - Magen und Zwölffingerdarm
29. Akute Gastritis
30. Chronische Gastritis
31. Magenblutung
32. Ulcus ventriculi und Ulcus duodeni
33. Zustand nach Magenoperation

Gastrointestinaltrakt - Mundhöhle und Speiseröhre
34. Mundschleimhautentzündung
35. Ösophaguskarzinom (Speiseröhrenkrebs)
36. Reflüxösophagitis (Sodbrennen)

spezielle Krankheiten
37. Phenylketonurie (PKU)
38. Rheumatische Gelenkserkrankungen

Stoffwechsel
39. Adipositas (Übergewicht)
40. Diabetes mellitus
41. Essstörungen (Untergewicht)
Fettstoffwechsel
42. Hypercholesterinämie (erhöhter Cholesterinspiegel)
43. Hepatische Enzephalopathie
Herz- und Kreislauf
44. Arteriosklerose (Arterienverkalkung)
45. Herzinsuffizienz
46. Hypertonie (Bluthochdruck)
47. Hyperurikämie und Gicht
veränderter Nährstoffbedarf
48. bei Fieber
49. bei malignen Erkrankungen
50. nach Verbrennungen
51. Strahlen- und Chemotherapie

KREBS
100. Bauchspeicheldrüse
101. Blasenkrebs
102. Blutkrebs (Leukämie)
103. Brustkrebs
104. Darmkrebs
105. Magenkrebs
106. Nierenkrebs
107. Speiseröhrenkrebs

TCM
200. Blase - Feuchte Hitze in der Blase
201. Blase - Feuchtigkeit und Kälte in der Blase
202. Blase - Leere und Kälte in der Blase
203. Dickdarm - äussere Kälte befällt den Dickdarm
204. Dickdarm - Feuchte Hitze im Dickdarm
205. Dickdarm - Hitze blockiert den Dickdarm II akut
206. Dickdarm - Trockenheit des Dickdarms
207. Dickdarm - Yang Mangel (Kälte)
208. Herz - Blut Mangel
209. Herz - Blut Stagnation
210. Herz - Feuer
211. Herz - Heisser Schleim verstopft die Herzporen
212. Herz - Kalter Schleim verstopft die Herzporen
213. Herz - Qi Mangel
214. Herz - Yang Mangel
215. Herz - Yin Mangel
216. Leber - aufsteigender Leber-Yang
217. Leber - Blut-Mangel
218. Leber - Blut-Stagnation
219. Leber - feuchte Hitze in Leber und Gallenblase
220. Leber - Feuer
221. Leber - Gallenblase Qi-Leere
222. Leber - Kälte im Lebermeridian
223. Leber - Qi-Stagnation

224. Leber - Wind
225. Leber - Wind mit aufsteigendem Leber Yang
226. Leber - Wind mit Blutleere
227. Leber - Wind mit extremer Hitze
228. Lunge - Qi Mangel
229. Lunge - Schleim-Feuchtigkeit in der Lunge
230. Lunge - Schleim-Hitze in der Lunge
231. Lunge - Schleim-Kälte in der Lunge
232. Lunge - Trockenheit der Lunge
233. Lunge - Wind-Hitze befällt die Lunge
234. Lunge - Wind-Kälte befällt die Lunge
235. Lunge - Yin Mangel
236. Magen - Blutstagnation
237. Magen - Feuer
238. Magen - Magenkälte mit Flüssigkeit
239. Magen - Nahrungsstagnation
240. Magen - Qi Mangel
241. Magen - rebellierendes Magen Qi
242. Magen - Yin Leere
243. Milz - Hitze und Feuchtigkeit befällt die Milz
244. Milz - Kälte und Feuchtigkeit befällt die Milz
245. Milz - Qi Mangel
246. Milz - Qi Mangel + Absinkendes MilzQi
247. Milz - Qi Mangel + Milz kontrolliert das Blut nicht
248. Milz - Yang Mangel
249. Niere - Herz und Niere kommunizieren nicht mehr
250. Niere - Jing Mangel
251. Niere - Nieren können das Qi nicht empfangen
252. Niere - Qi ist nicht fest
253. Niere - Yang Mangel
254. Niere - Yin Mangel